AF532029

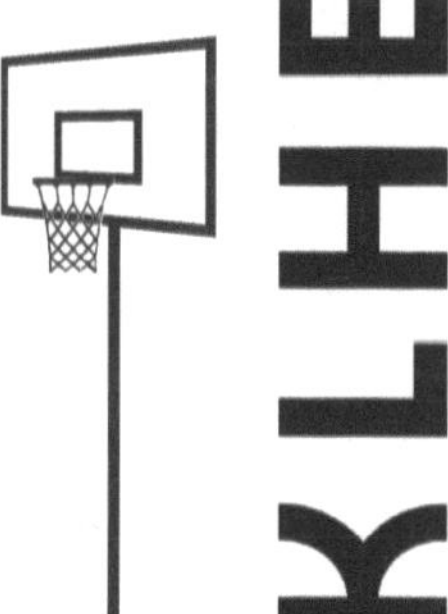
KLHE

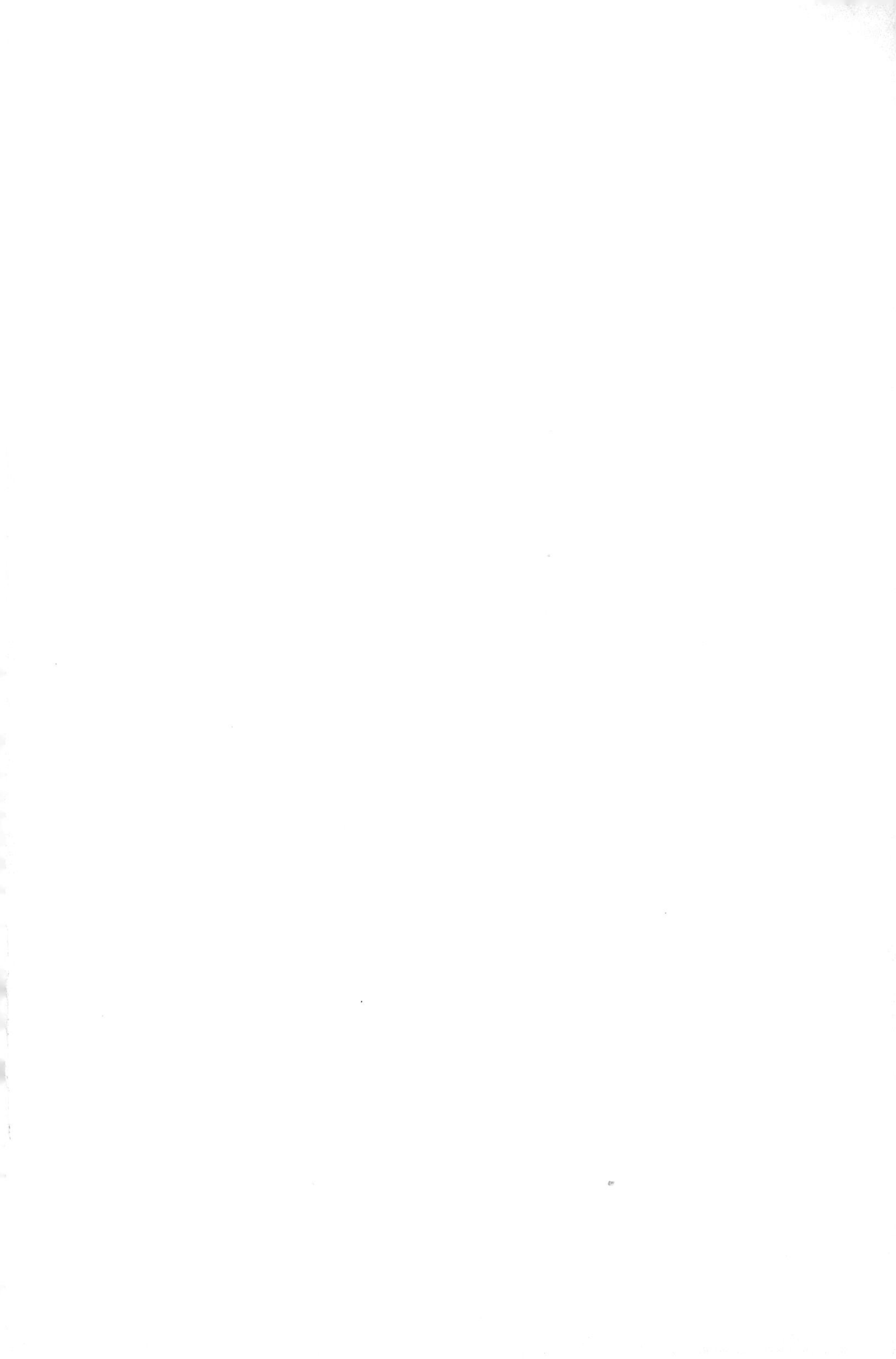

Bibliografische Information der Deutschen Nationalbibliothek: Die Deutsche Nationalbibliothek verzeichnet diese Publikation in der Deutschen Nationalbibliografie; detaillierte bibliografische Daten sind im Internet über https://www.dnb.deabrufbar.

Michael "Air" Jordan
Wie „his Airness" zum besten Basketball-Spieler aller Zeiten wurde: Karriere, Statistiken, Mindset und „the last Dance"
1. Auflage August 2023 (Originalausgabe)

KLHE-Verlag
C. Klein & J. Helbig GbR
Hortensienstr. 26
40474 Düsseldorf

Cover: © by KLHE-Verlag
Lektorat: KLHE-Verlag

ISBN: 978-3-98538-123-4

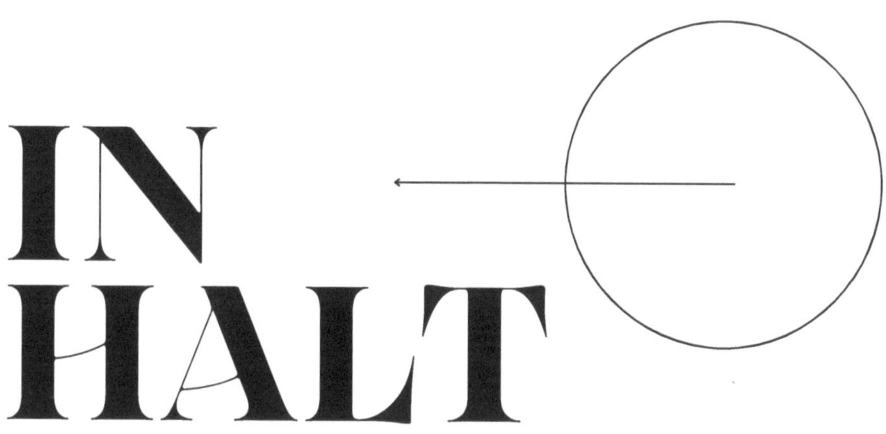

INHALT

1 MEINE ERINNERUNG AN DEN GOAT

"Ich kann Scheitern akzeptieren, jeder scheitert bei etwas. Aber was ich nicht akzeptieren kann ist, es nicht versucht zu haben."

Michael Jordan ist der größte Basketballspieler aller Zeiten. Erst 2019 wurde dazu eine Abstimmung unter Basketballspielern der NBA durchgeführt. Das Ergebnis? 73% nennen Michael Jordan als den besten Basketballspieler aller Zeiten. Die restlichen 27% teilen sich LeBron James (11.9%), Kobe Bryant (10.6%), Kareem Abdul-Jabbar (1.7%) und Magic Johnson, Allen Iverson, Kevin Durant (1%). Persönlich frage ich mich, warum Wilt Chamberlain und **Larry Bird** in diesen Debatten immer wieder zu kurz kommen. *Vor allem Bird als mein Lieblingsspieler.*

Ich, 87er Jahrgang, erinnere mich daher nur an die letzten beiden Bulls und die Wizards-Jahre von Jordan. Meine Freunde und ich schauten jede Folge "Inside the NBA" auf DSF und begannen dank Jordan mit dem Basketballspielen. Schließlich ist es Jordan zu verdanken, dass Basketball heute ein globaler Sport ist. Während die Rivalität der 80er Jahre zwischen den Celtics um Larry Bird (und Kevin McHale) und den Lakers um Magic Johnson (und Kareem Abdul-Jabbar) die NBA wiederbelebte, katapultierte es Jordan in den späten 80er und besonders während der 90er Jahre in ganz neue Sphären.

Maßgeblichen Anteil daran hatte sicherlich auch die Teilnahme des "Dream Teams" 1992 bei den Olympischen Spielen in Barcelona (mit Michael Jordan). Als Basketball-Purist finde ich auch in 2023, dass während der 90er Jahre nicht nur der mit Abstand beste Basketball gespielt wurde, sondern damals auch das meiste und größte Talent in der NBA Shirts überstreifte. Man denke nur zurück an Talente wie:

- ***"The Dream"*** *=> Hakeem Olajuwan (der früher Shaquille O'Neal regelrecht vernichtete)*
- ***"The Captain"*** *=> Kareem Abdul-Jabbar (1. auf der All-Time-Scoring Liste)*
- ***"Warrior"*** *=> Patrick Ewing (letzter wahrlich erfolgreicher New York Knick)*
- ***"Larry Legend"*** *& "The Hick from French Lick" => Larry Bird (höchster Basketball-IQ aller Zeiten)*
- ***Erwin "Magic" Johnson*** *(bester Point-Guard aller Zeiten)*
- ***"Chuck"*** *=> Charles Barkley (einer der besten Power Forwards aller Zeiten)*
- ***"Robin"*** *=> Scottie Pippen (8 Mal All Defensive First Team)*
- ***"Zeke"*** *=> Isiah Thomas (2-Time Champ)*
- ***"The Mailman"*** *=> Karl Malone (2. auf der All-Time-Scoring Liste)*
- ***"Stock"*** *=> John Stockton (meiste Assists aller Zeiten)*
- ***"The Glove"*** *=> Gary Payton (der letzte Point-Guard, der Defensive Player of the Year wurde)*
- ***Clyde "the glide" Drexler*** *(10facher All-Star)*
- ***"The Admiral"*** *=> David Robinson (Quadruple Double)*
- ***"The Worm"*** *=> Dennis Rodman (Karriere 15+ Rebounds!)*
- ***"The Knick Killer"*** *=> Reggie Miller (2. auf All-Time Dreier Liste) und viele weitere!*

Blickt man auf diese Liste, ist es umso eindrucksvoller, welche Dominanz Michael "Air" Jordan dennoch an den Tag legte. Ich kann "The Worm" übrigens nur in seiner Meinung unterstützen. Würde Jordan in der "neuen" NBA spielen, in der alle Regeln den Offensivspieler begünstigen, könnte er locker 50 Punkte im Schnitt auflegen. Immerhin 14 Punkte mehr, als James Harden mit den Houston Rockets in einer historischen Saison 2019. Darüber hinaus kämen seine defensiven Qualitäten als On-Ball-Defender sogar noch stärker zur Geltung. Die Dominanz von Jordan in der NBA von 2023 in die Zukunft hinein, wäre wohl größer als je zuvor.

Doch wie hat es Michael Jordan zum größten und besten Basketballspieler aller Zeiten gebracht? Hierfür blicken wir zunächst auf den Werdegang von MJ. Gehen wir auf die Reise. Vom jüngsten von vier Geschwistern bis zum Sportler des Jahrhunderts (ESPN).

2 DER WEG IN DIE NBA

"Manche wollen es, manche wünschen es und andere verwirklichen es."
(Michael Jordan)

Während viele junge Basketballspieler der modernen Ära mit Vorschusslorbeeren in die NBA kommen, war der Weg von Michael Jeffrey Jordan, geboren am 17. Februar 1963, alles andere als einfach. In meinen Augen liegt genau in diesem schon frühen Kampf für seinen Traum, der Grund für seinen unvergleichlichen Ehrgeiz. Deshalb beginnt dieses Buch, der Jump-Ball sozusagen, mit Jordans Kindheit. Anders lässt sich sein Killer-Mindset und einzigartiger Erfolg als Profi-Sportler, dem wir uns im Anschluss widmen, nicht nachvollziehen. Nachdem wir Jordans Basketball-Karriere mit den Jahren bei den Wizards abschließen, gehe ich noch einmal auf die vielen persönlichen Auszeichnungen von Jordan ein. Auch dafür findet sich die Ursache in seinen frühen Lebensjahren. Bevor wir dann auf Jordans eher unterdurchschnittliche Karriere als Teambesitzer thematisieren, soll kurz die Sinnlosigkeit der GOAT (Greatest of All Time) Debatte eingegangen werden und warum jeder mühsam bei den Haaren herbeigezogene "Vergleich" anderer großartiger Basketballspieler zu Michael Jordan lediglich als Blasphemie bezeichnet werden kann.

Abschließend möchte ich dann noch einmal das Augenmerk auf den Mindset von Jordan legen. Während eine ganze Reihe von Spielern physisch talentierter gewesen sein mögen als Jordan, war es immer sein Mindset, seine unzerstörbare Geisteshaltung, die ihn vom Rest unterschied. Das ist zugleich die größte Lehre, die wir aus dem Leben von Michael Jordan für unser eigenes Leben mitnehmen können. Ich bin davon überzeugt, dass sich jeder von uns eine Scheibe seiner Geisteshaltung, Disziplin und seines Durchhaltevermögens abschneiden kann, um das Leben erfolgreicher zu gestalten. In diesem Sinne, tauchen wir ein in das Leben und die Karriere von Michael Jordan, dem größten Basketballspieler aller Zeiten.

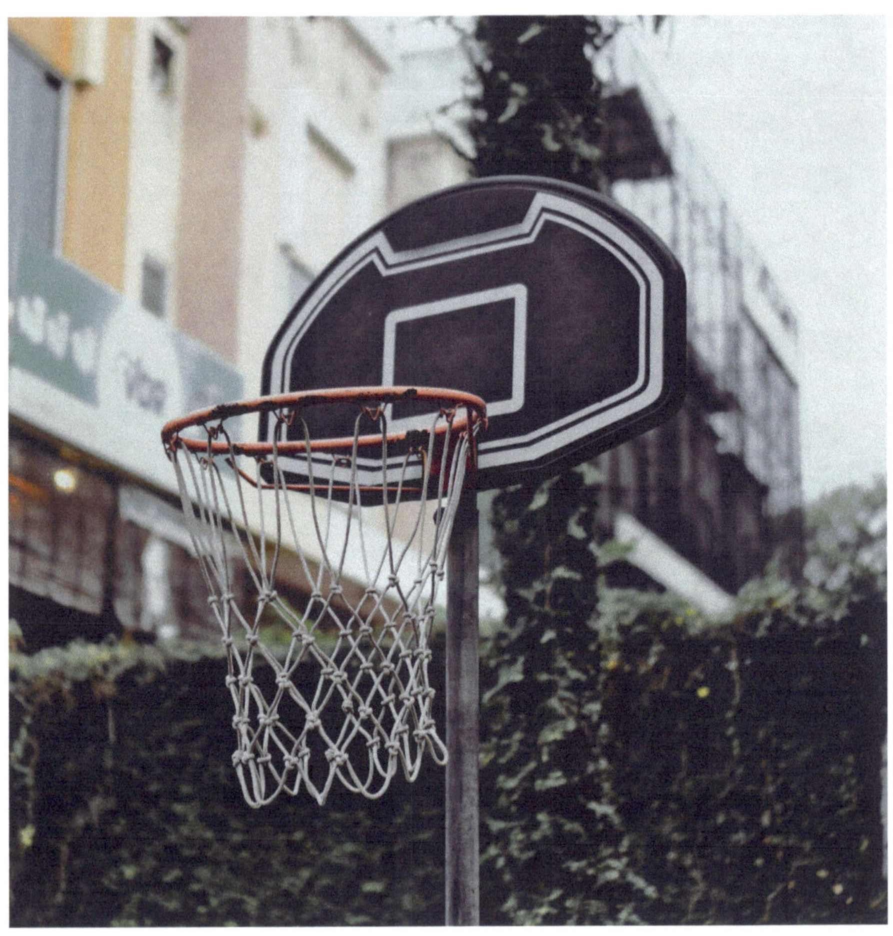

KINDHEIT

1963 - 1976

Michael Jordan kam am 17. Februar 1963, als jüngster von vier Geschwistern, in Brooklyn New York zur Welt. Jordan hat zwei ältere Brüder und eine Schwester. Kurz nach Jordans Geburt entschlossen sich seine Eltern, Deloris und James, nach Welmington in North Carolina auf das Land zu ziehen. Dort sollte James einer Anstellung als Monteur und Deloris als Bankangestellte nachgehen. Während seine Eltern großen Wert auf eine gute schulische Ausbildung legten, zeigte sich Jordans Ehrgeiz in der Schule kaum. In dieser Hinsicht scheint MJ den meisten Jungs sehr ähnlich gewesen zu sein. Daran änderte auch der elterliche Druck kaum etwas. Und erst als MJ in die "Trask Middle School" übertrat, entwickelte sich das sportliche Interesse. Relativ rasch ergatterte er Auszeichnungen in den Sportarten Basketball und American Football.

Interessanter Fakt? Schon damals spielte MJ bereits sehr erfolgreich Baseball. Dass ihn diese sportliche Beziehung selbst noch auf seinem basketballerischen Zenith begleiten sollte, ist wohl auf seinen Vater zurückzuführen. Dieser bevorzugte immer Baseball, doch MJ sollte sich dennoch für Basketball entscheiden- ein frühes Zeichen charakterlicher Stärke.

MJs Bruder, Larry, war ebenfalls ein begnadeter Basketballspieler. Jordan erwähnte in späteren Interviews immer wieder, dass sein Vater Larry mehr liebte. Somit wurde Larry schon in frühen Jahren Jordans größter Konkurrent- on wie off the Court. Schließlich war ihm Larry lange Zeit körperlich und spielerisch überlegen. Meines Erachtens eine hochinteressante Parallele zu Karriere-prägenden ersten Jahren in der NBA!

HIGH SCHOOL

1977-1980

Die USA verfügen über ein völlig anderes Schulsystem, als wir das hierzulande kennen. Nach der Grundschule (elementary school) und Mittelschule (middle School - manchmal auch Junior High School genannt), geht praktisch jeder im Alter von 14 bis 15 Jahren auf die High-School und durchläuft dort die Stationen Freshman, Sophomore, Junior und schließt schließlich als Senior im Alter von 17, 18 Jahren die Schule ab. In den USA nimmt die sportliche Laufbahn in der Regel ab dem Junior-Jahr in der Highschool an Fahrt auf.

Das erklärt auch, weshalb Jordan als Sophomore in der Highschool in Welmington, unter seinem ersten richtigen Trainer Clifton "Pop" Herring, nur wenig spielte. Schließlich wurde zu jener Zeit, lediglich ein Platz im Team für einen Sophomore freigehalten, während der Rest des Kaders mit erfahreneren, größeren und "ausgewachseneren Seniors", aufgefüllt wurde.

Als Jordan dann als Junior zum Starter wurde und sein Team häufig im Alleingang zum Sieg verhalf, wurde sein Leistungssprung von Universitäten aus dem ganzen Land registriert und mit Angeboten für Sportstipendien honoriert. Begründet in unermüdlichem Training und dem Glück eines Wachstumsschubs bis auf 1,93m, sollte Jordan an der "Laney High" High School einen signifikanten Leistungssprung vollziehen. Es sprach sich rasch herum, dass Michael Jordan nicht nur ein hervorragender Basketballspieler mit großem Basketball-IQ war, sondern auch ein unfassbarer Athlet und vor allen Dingen extrem willensstark. Auch für Jordan sollte dies einen Wendepunkt bedeuten. Er realisierte, dass er mit den "Big Boys" mithalten konnte. Wer die sich selbst verstärkende Macht des Selbstvertrauens für sich selbst entdeckt hat, weiß, was eine derartige Realisierung bewirken kann: Wahre Wunder!

Dean Smith von der University of North Carolina rekrutierte Jordan schließlich noch bevor dieser "Senior" wurde - seinem letzten Jahr in der Highschool. Schon damals entschied sich Jordan für die Rückennummer 23, in der Hoffnung, nur halb so gut wie sein Bruder zu werden. Mit dem Stipendium sicher in der Tasche, konnte Jordan frei aufspielen und entwickelte sich in seinem letzten Jahr an der High-School zum klaren Leader seines Teams, den Laney "Buccaneers". Die gesamte Saison verlor sein Team lediglich 3 Spiele, während Jordan in seinen beiden Jahren an der Laney-High School im Schnitt 25,4 Punkte, 12 Rebounds und 5.3 Assists pro Spiel auflegte. Nichtsdestotrotz sollten die Buccaneers, als klare Favoriten auf den "State Championship" (höchster Titel des Bundeslandes) in der zweiten Runde der Division 2 North Carolina Playoffs gegen die "New Hanover Wildcats" mit 52:56 ausscheiden. Der Trainer der Wildcats wird später mit den Worten zitiert, New Laney hätte die State Championship gewinnen können, hätte der Trainer ihn mehr und tiefer unter dem Korb spielen lassen. Doch Herring wollte Jordan auf dessen College-Karriere vorbereiten.

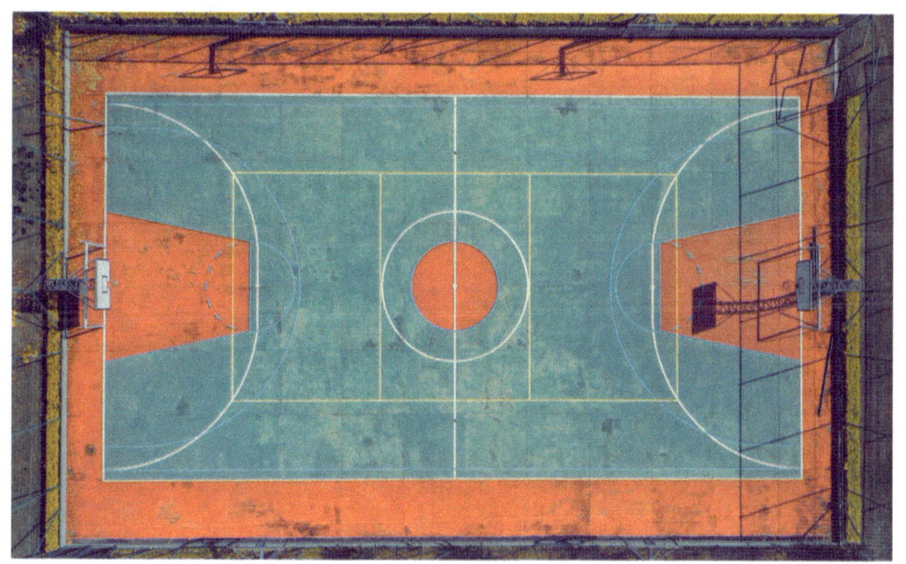

Während seiner High-School Laufbahn wurde Jordan lange Zeit von seinem älteren Bruder Larry übertrumpft. Erst als dieser mit nur 1,70m aufhörte zu wachsen, trat Jordan aus dessen Schatten. Sich an der Klimmzugstange auszuhängen, schien schließlich doch Früchte getragen zu haben. Im Alter von 16 Jahren maß Michael Jordan 1,77m und war damit größer als die meisten Mitglieder der Jordan-Familie. Spätestens als eines Tages ein 2,10m großer Cousin zu Besuch kam, war für Jordan klar, dass auch in seiner Familie ein Gen für besondere Größe vorhanden sein musste.

Wenngleich Jordan nur ein sehr durchschnittlicher Schüler war, es interessierte ihn lediglich der Sport. So überzeugte dennoch sein Basketballtalent. Jordan wusste schon sehr früh, dass er professioneller Athlet werden wollte und verwendete sein Engagement auf seinen Traum, statt Energie für eine theoretische Ausbildung zu verschwenden.

Spaziert man heute über den Campus, ist kaum zu übersehen, wie goldrichtig seine Entscheidung damals war. Das legendäre Jordan-Logo, der Dunk mit ausgespreizten Beinen, schillert den Studenten wie auch den Besuchern heute stolz aus jeder Ecke der High School entgegen.

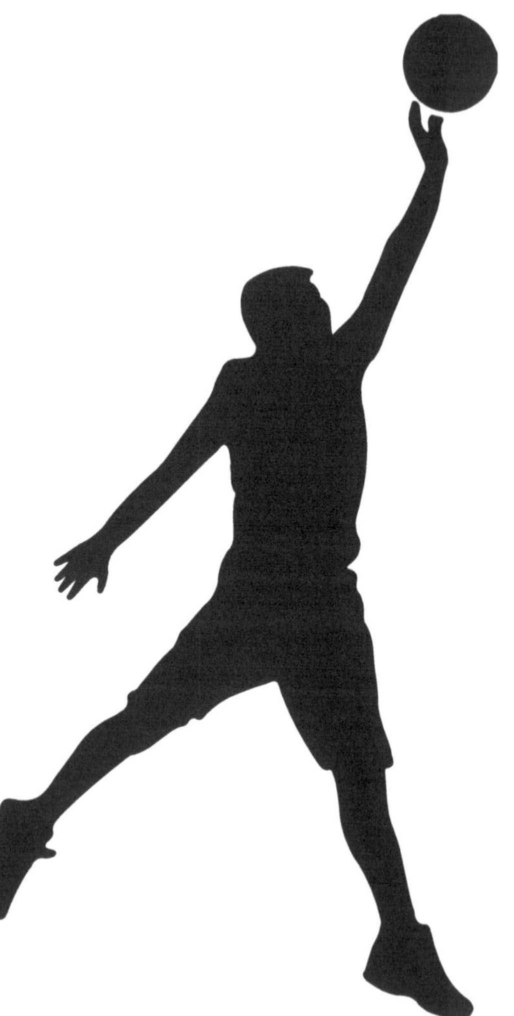

MICHAEL JORDAN IN COLLEGE / NCAA

1981-1984

Tar Heel for life!

In den USA ein "Athlete-Student" am College zu sein, ist ein Previleg, das wir hierzulande kaum greifen können. Während die Attribute als Sportler exorbitant bewertet werden, spielen die akademische Leistungen von aussichtsreichen "Student-Athletes" kaum eine Rolle. Schließlich ist die Identifikation von Studenten in den USA mit ihrer Universität - auch "Almer Mater" genannt - überaus hoch und kaum mit Deutschland zu vergleichen.

Als Teil der "Tar Heels", dem Basketballteam der Universität von North Carolina (UNC), unter dem legendären Trainer "Coach Dean Smith", sollte Jordan im Jahre 1981 diese Ehre zuteil werden. Die Verkündung, an welchem College Jordan seine Basketballkarriere nach der High School auf das nächste Level bringen wollte, wurde bereits damals von zwei Fernsehsendern übertragen. Noch heute gelten die North Carolina Tar Heels als eine der prestigeträchtigsten und besten Basketball-College-Teams in den USA.

EXKURS: WAS BEDEUTET EIN STIPENDIUM IN DEN USA?

In den USA sind die meisten Universitäten enorm teuer. Ein Semester kann gut und gerne 40.000 USD kosten - und selbst öffentliche Universitäten kosten durchschnittlich 15.000 USD. Das heißt, dass ein Stipendium gerade für die schwarze Bevölkerung - die in den USA im Durchschnitt immer noch deutlich ärmer ist als die weiße Bevölkerung - häufig die einzige realistische Möglichkeit ist, einen Hochschulabschluss zu erwerben. Wobei der Transparenz wegen gesagt sein sollte, dass die meisten College-Studenten, sogenannte "College Loans", also Darlehen aufnehmen, um überhaupt studieren zu können. Denn in den USA sind Colleges, ganz im Gegensatz zu Deutschland, überwiegend private Unternehmen und keine staatlich-öffentlichen Institutionen. Gerade junge schwarze Männer bemühen sich daher bereits früh um ein Sportstipendium - insbesondere in den Sportarten American Football, Basketball, Baseball und Soccer (Fußball). Fun Fact? Man kann selbst für Gymnastik, Wasserpolo oder gar Wrestling ein Stipendium erhalten.

Jordan absolvierte 3 Jahre an der UNC. Dabei sei gesagt, dass es die "One-and-Done Regel", also mindestens ein Jahr im College absolvieren zu müssen, damals noch nicht gab. Sie erlaubt es Spielern heute, schon nach einem Jahr im College, direkt in die NBA zu wechseln- eine Regel, die zwischenzeitlich vollkommen ausgesetzt war. In den späten 90ern und frühen 2000ern, konnten Athleten sogar direkt von der High School in die NBA übertreten (Beispiele: Tracy McGrady, oder LeBron James). Ich persönlich sehe diese Regelung kritisch, schließlich schafft es nicht jeder Spieler in die NBA. Außerdem sollten auch jene, die den Sprung in die NBA schaffen - und sei es nur für das Leben danach - von ihrem Privileg, einen College-Abschluss quasi "frei Haus" zu bekommen, Gebrauch machen. Nicht zuletzt genießen Spieler im College auch eine sportliche Erziehung und kommen somit besser vorbereitet in die NBA- ganz abgesehen von der persönlichen Entwicklung. Auf der anderen Seite verstehe ich in speziellen Fällen, wie beispielsweise T-Mac oder LeBron, auch die Gegner dieser Argumentation. Schließlich können Spieler, denen direkt nach der High School der Wechsel in die NBA gelingt, früher Geld verdienen und ihre Familien aus teils prekären Situationen befreien, länger Statistiken sammeln und vermeiden überdies, das Verletzungsrisiko im College, das im schlimmsten Fall ein Karriereende bedeutet, bevor das Talent überhaupt monetarisiert werden konnte.

Michael Jordan hatte mit Dean Smith einen sehr strengen Coach. Wer zu spät kam, musste Runden drehen und harte Drills absolvieren. Das Team musste gemeinsam hart arbeiten. Gespielt wurde in einem System, das offensiv auf Pässen zum freien Mann und defensiv auf harter Team-Defensive basierte. Diese Grundlagen sollten sich auch später in Jordans Spiel widerspiegeln. Darüber hinaus war Jordan einer der Superstars in der Basketballgeschichte, der dem Trainer immer gut und gerne zuhörte und sich gerne coachen ließ. Die Fähigkeit, dem Trainer zuzuhören und sich als Schüler stetig weiterzuentwickeln, ist gerade heute und insbesondere unter Superstars wenig bis gar nicht mehr ausgeprägt. Doch das war eine von Jordans größten Stärken. So verneinte Coach Smith Michael Jorden schließlich auch die Anfrage, als Starter auf das Cover der Sports Illustrated aufgenommen zu werden. Jeder musste sich seinen Platz erarbeiten, auch Jordan. Und er tat es, aber wie! Er arbeitete härter und akribischer als alle seine Teamkameraden.

Jordan wurde schlussendlich zum Saisonstart, doch noch der fünfte Starter-Platz garantiert. Er wurde - wie den Rest seiner Karriere - auf der Position des Shooting Guards (2) gelistet. Außergewöhnlich war, dass Dean Smith normalerweise keine Freshmen (Studenten im 1. Jahr) starten ließ. Doch Jordans Talent und rapide Entwicklung, ließ eine Ausnahme zu. Dieses Vertrauen sollte ihm MJ mit konsequenter Defensive, gutem Team-Passspiel und im Schnitt 18 Punkten zurückzahlen.

1982 sollten die Tar Heels schließlich im großen Turnier aller College-Teams, der NCAA-Championship, um den Meistertitel spielen. Die meiste Zeit der Studienjahre von MJ standen die Tar Heel-Guards James Worthy und Sam Perkins – beide auch später Legenden in der NBA – im Mittelpunkt. Allerdings gelang Jordan bereits als Freshman im NCAA-Meisterschaftsspiel 1982 gegen die Georgetown Hoyas (mit späterer Knicks-Legende Patrick Ewing), der entscheidende Sprungwurf. Unter höchstem Druck in einem „One and done" K.O.-Turnier, übertrug ihm Coach Smith die Verantwortung und Jordan lieferte. Er erzielte den entscheidenden 2-Punkte Wurf zum 63:62-Endstand und heimste seinen ersten großen Titel ein. Bis heute gibt es nur acht Spieler in der Basketballgeschichte, die eine NCAA-Meisterschaft holten, NBA-Champion wurden sowie eine olympische Goldmedaille um den Hals hängen haben. Dabei ist Jordan der einzige Spieler dieser Gruppe, der gleich mehrere Olympische Medaillen gewann. Die Gruppe besteht aus folgenden Spielern:

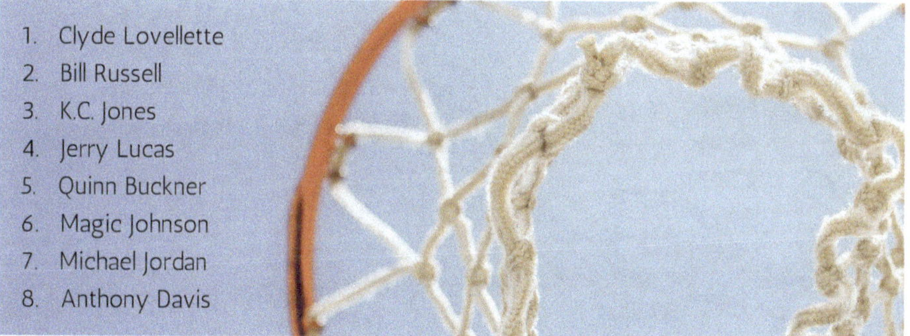

1. Clyde Lovellette
2. Bill Russell
3. K.C. Jones
4. Jerry Lucas
5. Quinn Buckner
6. Magic Johnson
7. Michael Jordan
8. Anthony Davis

Jordan wurde in der NCAA-Saison 1983-1984 zum College-Spieler des Jahres gewählt. Zwei Saisons nach dem Titel, verließ Jordan 1984 die Tar Heels und das College und meldete sich für den NBA-Draft. Bevor er jedoch seine erste NBA-Saison 1984-1985 antrat, sollte MJ das US-amerikanische Basketballteam bei den Olympischen Sommerspielen 1984 mit einer Bilanz von 8:0 zu Gold führen (Trainer Bobby Knight).

3 DIE NBA-KARRIERE VON MICHAEL JORDAN

"Du kannst deinen Wurf 8 Stunden am Tag üben, aber wenn deine Technik falsch ist, dann wirst du nur gut darin, falsch zu werfen. Nimm die Grundlagen in Angriff und das Level von allem was du tust, wird ansteigen."

Die National Basketball Association, kurz NBA, ist die beste Basketball-Profiliga der Welt und wird in Nordamerika (USA und Kanada) ausgetragen. Gegründet wurde sie bereits 1946, ihr volles Potenzial erreichte sie aber erst 1976 durch die Fusion mit einer weiteren Basketballliga, der "American Basketball Association", auch ABA genannt, eine Parallelorganisation mit 11 Teams, die zwischen 1967 und 1976 neben der NBA existierte. Es wurden jedoch nur 4 Teams aus der ABA in die NBA aufgenommen. Dazu zählten die Denver Nuggets, Indiana Pacers, San Antonio Spurs und New Jersey Nets (heute Brooklyn Nets). Heute spielen in der NBA 30 Teams, davon 29 US-Teams und die Toronto Raptors als einziges kanadisches Team, um den Titel - 15 im Westen und 15 im Osten. Eine reguläre Saison hat 82 Saisonspiele und die besten 8 Teams in jeder Conference (Ost und West) qualifizieren sich für die Playoffs. Diese werden anschließend im "best of 7" Format ausgetragen. Das heißt, das erste Team, das 4 Siege erringt, erreicht die nächste Runde. Runde 3 sind die Conference-Finals (Ost/West) und Runde 4 schließlich die Finals mit dem besten Ost-Team gegen das beste West-Team.

Zu Zeiten von Michael Jordan war die erste Runde der Playoffs jedoch noch eine "best of 5" Veranstaltung, was einen erhöhten Druck bedeutete, da man schneller aus dem Turnier flog. Die NBA-Playoffs erstrecken sich über die Monate April bis Juni.

Es wird immer wieder die Frage gestellt, weshalb die Trennung zwischen Ost und West nach wie vor besteht. Insbesondere, da es hier nur selten Parität gibt, sondern meist eine Conference erheblich stärker ist, als die andere. Diese Frage ist einfach zu beantworten: Reisen! Die USA ist 4.500 Kilometer breit und gehört zu den flächenmäßig größten Ländern der Erde. Es wäre bei 82 Spielen zwischen Oktober und April logistisch und auch physiologisch (Jetlag/lange Flüge) kaum realisierbar, die NBA auf eine einzige Conference zu reduzieren, auch wenn das immer wieder gefordert wird.

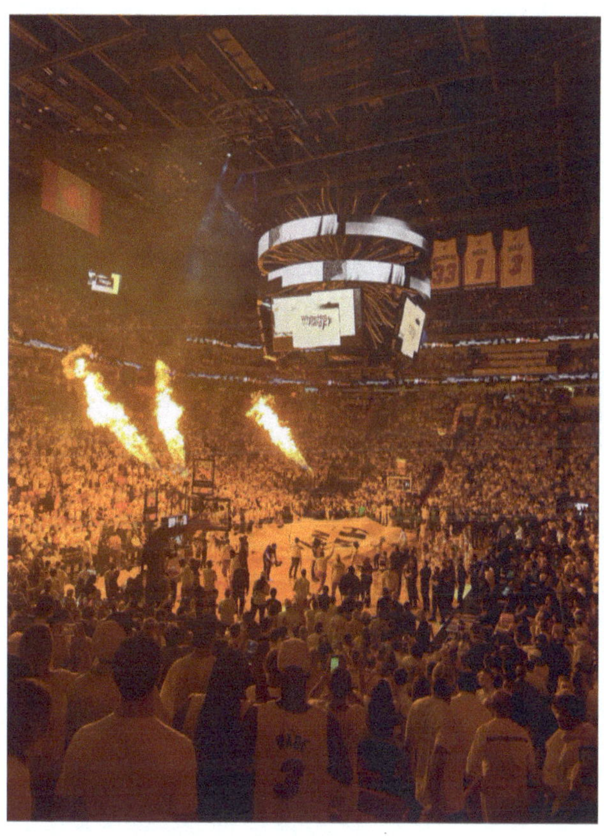

DER DRAFT

1984

Der NBA-Draft ist ein Ratespiel und der Einsatz hoch. General Manager (GM) studieren Scouting-Berichte und endlose Clips aus der College-Basketball-Saison. Liegen sie mit ihren Einschätzungen falsch, kann das nicht nur für die Franchise und den Besitzer einen Millionenschaden bedeuten, sondern den GM auch seinen Job kosten. Daher tut jede NBA-Franchise alles, um den nächsten Michael Jordan zu finden. Heute würde man das gesamte Team für den #1 Pick traden oder jahrelang „tanken" (extra schlecht spielen, um eine bessere Wahrscheinlichkeit für den #1 Pick zu bekommen). Schließlich wartet jede NBA-Organisation darauf, ihr Team um einen Spieler mit Generationstalent aufzubauen- ganz besonders, wenn es sich dabei um einen Flügelspieler (sog. Wing) handelt. Denn keine Position ist im Basketball wichtiger. Tja, das ist Wissen von heute.

Doch in den 80er Jahren herrschte noch eine vollkommen andere Einstellung. Die großen Spieler, die sogenannten „Big Men", dominierten das Spiel. Man spielte „outside in", versuchte also alles, den Ball einem möglichst großen Spieler so nah wie möglich am Korb zu geben. Es war ein 2-Punkte Spiel. 3er wurden praktisch nicht geschossen und eher über das 3-Punkte Spiel („and one") erzielt. Der Basketball von heute ist grundverschieden. Dazu haben nicht zuletzt die Statistik-Revolution und ein Generationen-Shooter-Talent wie Stephen Curry beigetragen. Trifft man den 3er um die 35%, ergibt das im Laufe eines Spiels mehr Punkte als 50% 2er aus dem Feld. Infolgedessen wird heute „inside out" gespielt- bestenfalls mit einem „big" und 4 Spielern, die alle von außen schießen können.

Warum dieses Vorgeplänkel?

Nun, man wusste 1984 zwar um Jordans Talent, schätzte aber seine Position weniger wichtig ein als die von riesigen Centern. Daher wurde MJ bei der NBA-Draft von 1984, nur an Position 3 gedraftet – von den Chicago Bulls. Eine Wahl, die wohl bis heute als der größte Fehler der Draft-Basketballgeschichte gilt. Es ist auch nicht weiter schwer, den ersten beiden Teams, die Schuld dafür zu geben, dass sie den besten Spieler, der jemals einen Basketball berührt hat, nicht gepickt haben. Aber im Nachhinein ist man immer schlauer und damals war die Draft-Reihenfolge nicht so schockierend, wie sie uns heute erscheint.

Die Houston Rockets hatten beim Draft 1984 den ersten Pick. Sie entschieden sich für Hakeem Olajuwon. Olajuwon war ein mit 2,13 Meter gelisteter Center von der University of Houston. Die Wahl war einstimmig, denn selbst die Chicago Bulls hätten den wohl besten Defender bzw. Ringbeschützer aller Zeiten vor Jordan gedraftet. Olajuwon dominierte das College und erzielte in seinem Juniorjahr durchschnittlich 16,8 Punkte, 13,5 Rebounds und 5,6 Blocks pro Spiel. Und er hatte die Houston Cougars – wie Jordan – bis ins nationale Meisterschaftsspiel geführt. Heute ist Hakeem Olajuwon in der Hall of Fame, der beste Blocker aller Zeiten der NBA, ein 12-facher All-Star und zweifacher Meister. Er ist zwar nicht Jordan, aber man kann durchaus sagen, dass die Rockets mit ihrer Wahl eine gute Entscheidung getroffen haben. Das zeigt auch ein Blick auf die Regular-Season und Playoff-Statistiken.

Olajuwons Saison-Statistiken:

GP	GS	MPG	FG %	3P %	FT %	RPG	APG	SPG	BPG	PPG
1238	1186	35.7	.512	.202	.712	11.1	2.5	1.7	3.1	21.8

Olajuwons Playoff-Statistiken:

GP	GS	MPG	FG %	3P %	FT %	RPG	APG	SPG	BPG	PPG
145	140	39.6	.528	.222	.719	11.2	3.2	1.7	3.3	25.9

Wie bereits erwähnt, wurde die NBA damals von großen Spielern dominiert. Es war fast schon eine Voraussetzung für ein Meisterteam, einen großen Mann in der Tiefe zu haben. Die Philadelphia 76ers hatten Moses Malone und die Los Angeles Lakers hatten Kareem Abdul-Jabbar. Dass die Rockets sich für den besten Center des Colleges entschieden, machte also durchaus Sinn.

Würden wir heute einen Re-Draft 1984 veranstalten, würden die Houston Rockets MJ an #1 draften und die Portland Trail Blazers, die damals den #2 Pick hatten, Hakeem Olajuwon. Damit sind wir bereits beim Kern der Debatte angelangt. Dem #2 Pick der Portland Trail Blazers. Sie wählten Sam Bowie, einen Center (2,16m) von der University of Kentucky.

Doch was wurde aus Bowie?

Bowie hatte in seiner dreijährigen College-Karriere in Kentucky durchschnittlich 13,4 Punkte und 3,8 Rebounds pro Spiel erzielt. Was niemand vorhersehen konnte, war jedoch, dass Bowies NBA-Karriere von Verletzungen geprägt sein sollte. Bowie wurde schließlich fünf Jahre später von den Trailblazers an die New Jersey Nets verkauft. Ein interessantes Detail in dieser Story ist, dass Bowie zu seinem Karriereende, ein schockierendes Geheimnis lüftete. Er hatte den Blazers vor dem Draft nichts über den starken Schmerzen in seinem Bein gesagt. In dem Dokumentarfilm "Going Big" sagt Bowie (frei übersetzt): *„Ich kann mich noch daran erinnern, wie sie einen kleinen Hammer nahmen und mir auf mein linkes Schienbein schlugen und ich ihnen sagte: 'Ich spüre nichts'. Aber tief im Inneren tat es weh. Auch wenn das, was ich getan habe, gelogen und falsch war, so habe ich am Ende des Tages, wenn man geliebte Menschen hat, die etwas brauchen, das getan, was jeder von uns getan hätte."*

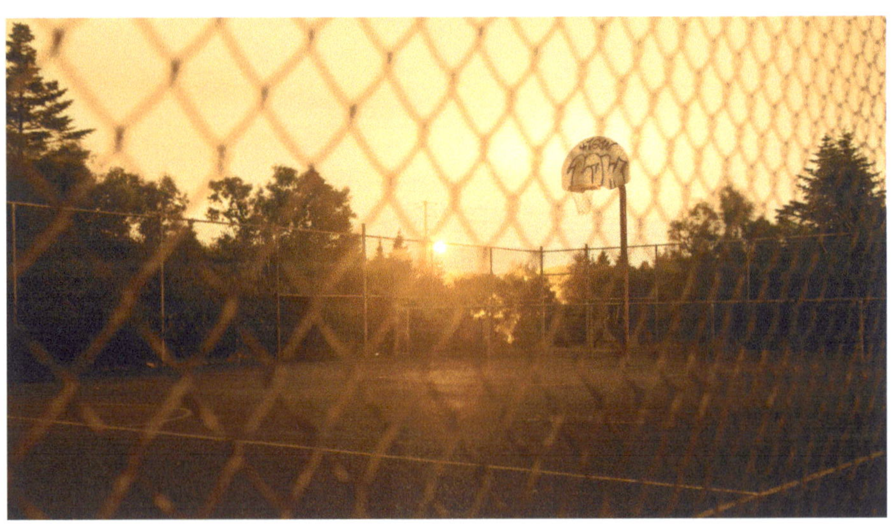

Ich persönlich glaube, die Blazers hätten ihre Entscheidung jedoch nur marginal geändert, hätten sie von Bowies Verletzung gewusst. Anders ausgedrückt: Sie hätten sich für einen anderen „Big Men" entschieden. Schließlich hatten die Blazers in Clyde Drexler bereits ein Jahr zuvor ihren zukünftigen Shooting Guard gedraftet. Drexler hatte gerade erst seine Rookie-Saison beendet, zeigte aber vielversprechende Ansätze. Er verbrachte über 11 Saisons bei den Blazers, wurde dabei acht Mal All-Star und ist heute zurecht in der Hall of Fame.

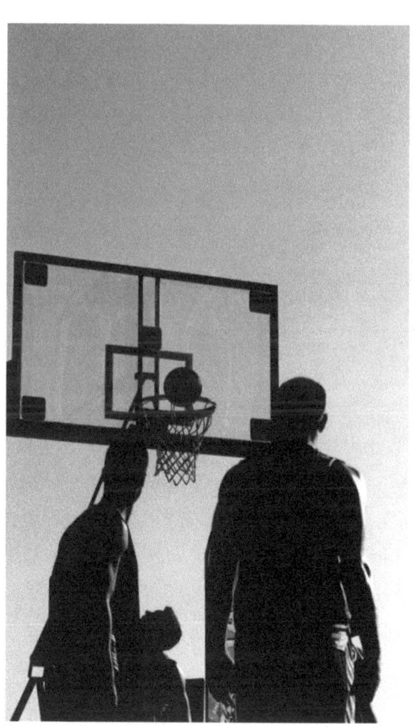

Und so fiel Jordan als Nummer drei Pick an die Chicago Bulls. Aber es war damals keine leichte Entscheidung. Jordan hatte im College für die University of North Carolina gut gespielt, war aber nicht der beste Spieler im College-Basketball. Am Tag des Drafts 1984 konnten selbst die größten Experten nicht vorhersehen, welch außergewöhnliche Entwicklung Jordan nehmen sollte.

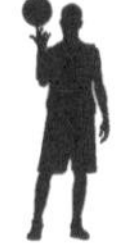

Während Jordan sicherlich der größte Draft-Fehler aller Zeiten war, so verzeichneten Teams aber auch Jahre später ähnliche Fails. So verpassten die Blazers beispielsweise 2007 Kevin Durant und entschieden sich stattdessen für Greg Oden an #1. Sogar fünf Teams verzichteten 2009 auf Stephen Curry (darunter die Minnesota Timberwolves sogar zweimal!). Ganze 14 Teams verzichteten 2013 auf Giannis Antetokounmpo. Ich persönlich glaube, dass diese Draft-Wahlen etliche dieser Spieler erst zu den Spielern gemacht haben, die sie heute sind. Schließlich war es zusätzliches Öl ins Feuer, extra Motivation, besser zu werden, als alle vor einem gedrafteten Spieler.

JORDANS FRÜHE JAHRE IN DER NBA

1984-1987

Nachdem Jordan 1984 als dritter Draft Pick zu den Bulls kam, wurde er schnell zum Star der Liga. Jenseits seiner unübertroffenen "Fundamentals", war Jordan für die damalige Zeit unvergleichlich athletisch (und bleibt es bis heute) und darüber hinaus ganz besonders charismatisch. Er unterhielt die Zuschauer nicht nur mit seinen Dunks und Jumpshots, sondern baute sich von Anfang an einen Ruf als einer der besten Defensivspieler auf. Ganz besonders seine "on Ball Defense" als Guard ist wohl bis heute unerreicht.

Jordan gab sein NBA-Debüt am 26. Oktober 1984 im Chicago Stadium. Er erzielte 16 Punkte. Kleiner Funfact: Im Jahr 2021 wurde eine Eintrittskarte dieses Spiels für sage und schreibe 264.000 Dollar versteigert - ein Rekord für ein derartiges Sammlerstück. Jordan schlug in Chicago ein wie eine Bombe und führte sein Team, das in den 10 Jahren zuvor nur zweimal die Playoffs einziehen konnte, auf Anhieb in die Postseason. In seiner ersten Saison bei den Bulls (1984-85) erzielte er durchschnittlich 28,2 Punkte - und das bei einer überdurchschnittlichen Wurfquote von 51,5 %. Jordan wurde schnell zum Fan-Liebling. Ja, sogar in gegnerischen Stadien bejubelte man den spektakulären Rookie.

Im Dezember 1984 erschien Jordan bereits auf dem Titelblatt der Sports Illustrated. Die Überschrift? ***"A Star Is Born"***. Jordan wurde in seiner ersten NBA-Saison direkt zum All-Star-Starter gewählt. Später in der Saison wurde MJ dann zum NBA-Rookie des Jahres gewählt. Die Bulls beendeten die Saison mit einer Bilanz von 38 Siegen zu 44 Niederlagen und verloren in der ersten Runde der Playoffs in vier Spielen gegen die Milwaukee Bucks.

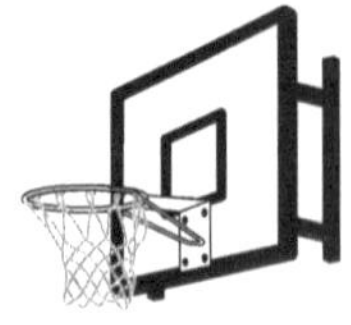

Die Saison 1985-86 verkürzte sich für Jordan aus Verletzungsgründen. Im dritten Spiel der Saison gegen die Golden State Warriors brach er sich den Fuß - ein glatter Bruch und er musste von seinen Teamkollegen vom Platz getragen werden. Er verpasste anschließend 64 Spiele. Es gab jedoch ein Geheimnis, vom dem die Bulls Organisation nichts wusste. Jordan ging zurück an seine Almer Mater (Universität von North Carolina), um dort mit einigen ehemaligen Kommilitonen zunächst 3on3, dann 4on4 und schließlich 5on5 zu üben.

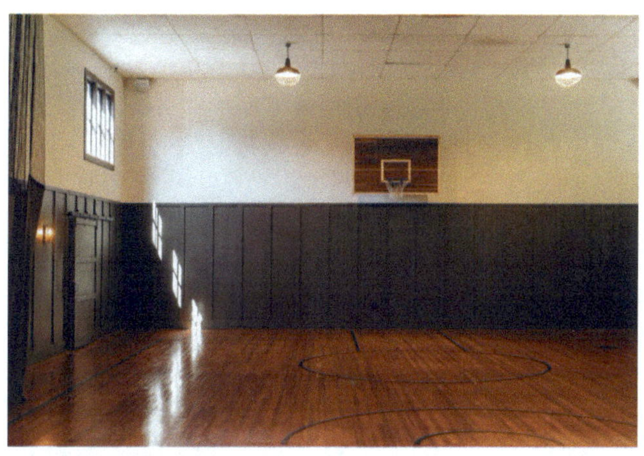

Heute undenkbar, nahm Jordan sein Schicksal selbst in die Hand und arbeitete sich von seiner Verletzung schneller zurück, als es den Chicago Bulls lieb war. Schließlich hatten die Bulls die interne Strategie, die Verletzung MJs zu nutzen, um aufgrund einer schlechten Saison, einen hohen Draftpick zu erzielen. Doch Jordan hatte andere Pläne und kam zum letzten Viertel der Saison zurück und führte die Chicago Bulls erneut in die Playoffs. Die Bilanz: 30:52. Jordan stellte dann einen noch heute gültigen Postseason Rekord auf. Gegen die 1986er Boston Celtics, mit einer unglaublich starken Mannschaft um Larry Bird, Kevin McHale, Robert Parish, Danny Ainge, Dennis Johnson und Rick Carlisle (später Coach der Championship Mavs um Dirk Nowitzki 2011), noch heute als eines der besten Teams der NBA-Geschichte bekannt, legte Jordan in Spiel 2 63 Punkte auf. Bird's Kommentar zu Jordans Spiel, sicherlich auch dessen eigentlich Saison-endende Verletzung und Spiel 1 mit 49 MJ-Punkten im Kopf: "*Das war Gott, verkleidet als Michael Jordan.*" Dieser sagte Jahre nach seinem Karriereende dazu: "*Ich hätte viel lieber weniger Punkte gemacht, dafür aber das Spiel gewonnen.*"

Für die Saison 1986-87 war MJ dann vollständig genesen. Er absolvierte eine der erfolgreichsten Scoring-Saisons der NBA-Geschichte und wurde neben der Legende Wilt Chamberlain zum einzigen Spieler, der 3.000 Punkte in einer Saison erzielten konnte. Er legte einen Liga-Höchstwert von 37,1 Punkten pro Spiel bei einer Trefferquote von 48,2% auf. Dabei muss man sich vergegenwärtigen, dass MJ stets gedoppelt und nicht selten sogar von drei Gegenspielern gleichzeitig verteidigt wurde - natürlich wegen seiner außergewöhnlichen Fähigkeiten, aber auch mangels anderer Offensivoptionen bei den Bulls. Er musste seine Körbe also auf engstem Raum gegen aggressive Defender erzielen, denn das Regelwerk in den 80er und 90er Jahren ließ noch deutlich mehr Körperkontakt zu als heutzutage. Bei all der offensiven Meisterleistung kam aber auch MJs Defense nicht zu kurz. Jordan war der erste Spieler der NBA-Geschichte, der in einer Saison 200 Steals und 100 Blocks verzeichnen konnte. Trotz dieser historischen Leistungen gewann Magic Johnson den NBA "Most Valuable Player Award" (MVP) . Mit 40 Siegen ging es für die Bulls einmal mehr in die Playoffs, wo in Runde 1 gegen die übermächtigen Boston Celtics - neben den Los Angeles Lakers das beste NBA-Team der 80er - einmal mehr Schluss war.

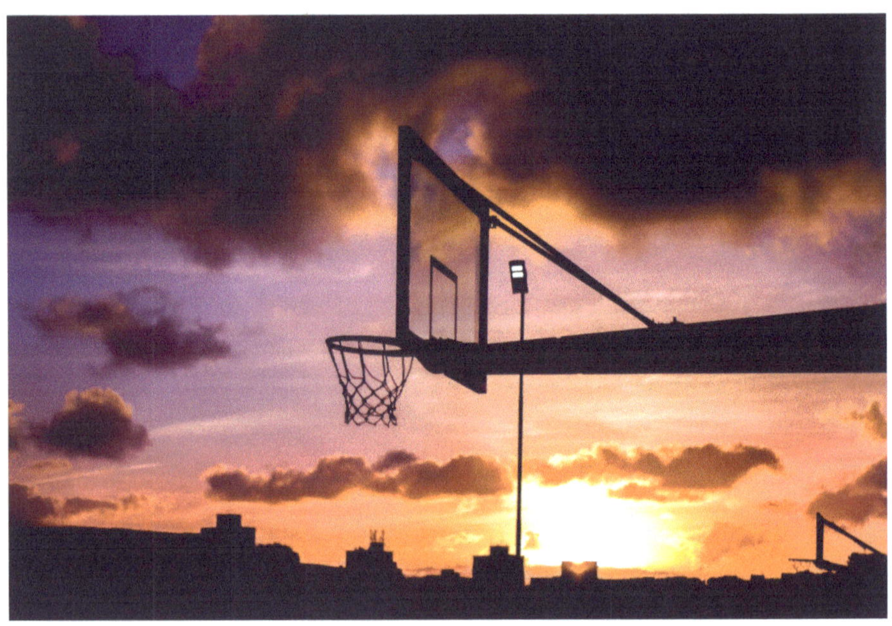

MICHAEL JORDAN UND DIE DETROIT PISTONS

1987-1990

Eine der wohl bekanntesten Rivalitäten im Profibasketball ist der jahrelange Kampf um die Krone der Eastern Conference, der ab den 1987er Jahren zwischen den Chicago Bulls um Michael Jordan und den Detroit Pistons um Isiah Thomas ausgetragen wurde. Ein Kampf der Spielstile, der den Pistons, aufgrund ihrer extremen Physis - immer an der Grenze zur Unsportlichkeit - schließlich den Namen "Bad Boys" verlieh. Doch wie kam es zum Schlagabtausch dieser beiden Schwergewichter und wer würde am Ende bestehen?

Bulls Saison 1987-1988

In der Saison 1987-88 war Jordan mit durchschnittlich 35 Punkten pro Spiel bei einer beeindruckenden Trefferquote von 53,5% einmal mehr der beste Scorer der NBA. Nachdem er im Vorjahr zweiter hinter Magic Johnson wurde, sollte er 1988 schließlich den ersten MVP-Titel seiner Karriere gewinnen. Das schien MJ aber nicht zu genügen. Er war nicht nur der beste Punktesammler der Liga, sondern wurde auch zum Defensivspieler des Jahres gekürt (Defensive Player of the Year, oder DPOY). MJ kam im Durchschnitt auf 1,6 Blocks (BPG) und 3,1 Steals pro Spiel (SPG), was die Bulls-Defensive zum besten Defensivteam der Liga machte.

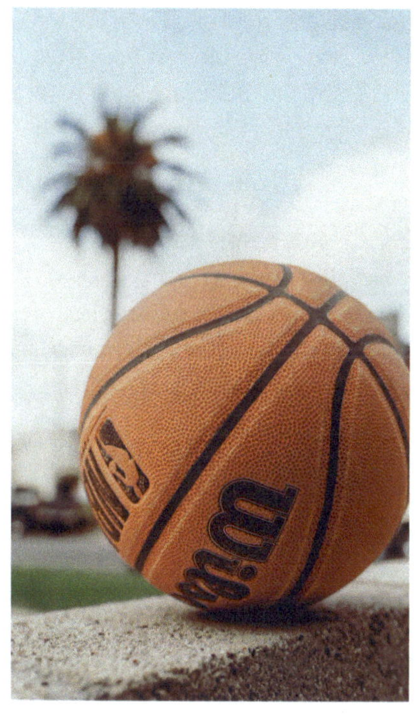

Der Rekord des DPOY und MVP in derselben Saison ist bis heute nur dem wohl besten Verteidiger aller Zeiten in Hakeem Olajuwon und 2020 Giannis Antetokounmpo gelungen. Bis heute ungebrochen ist jedoch der Rekord, sowohl Scoring-Champion als auch DPOY in demselben Jahr zu werden. Jordan war also der beste Offensivspieler und zugleich der beste Defensivspieler der NBA. Doch damit immer noch nicht genug. MJ wurde zudem Allstar-MVP und gewann auch noch den Slamdunk-Contest, bei seiner ersten Teilnahme. Heute ist das legendäre Duell gegen Dominique Wilkins immer noch auf YouTube zu bestaunen und gehört zu den besten Duellen aller Zeiten. Die Bulls beendeten die Saison mit 50 Siegen und 32 Niederlagen. Für Jordan ging es also einmal mehr in die Playoffs und der Druck war enorm. In der ersten Runde trafen die Bulls auf das formidable Team der Cleveland Cavaliers. Damals war das Erstrundenformat noch auf ein "Best of 5" ausgelegt. Das erste Team mit 3 Siegen zog also in die nächste Runde ein. Das Bulls Team bestand neben Jordan aus Charles Oakley, Dave Corzine, Sam Vincent und Brad Sellers. Von der Bank kamen John Paxson, Horace Grant und Scottie Pippen, der 1987 erst frisch gedraftet wurde.

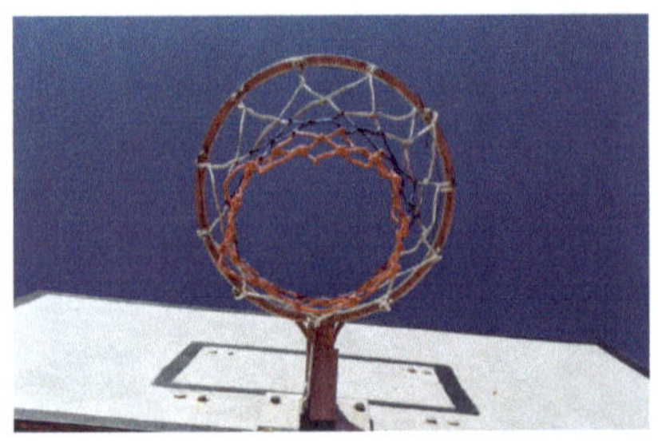

Es sollte alle fünf Spiele und das erste und einzige "Back to Back" 50 Punkte Spiel der NBA-Playoff-Geschichte durch Jordan bedürfen, um in die zweite Playoff-Runde einzuziehen. Selbst in den Niederlagen in Spiel 3 und 4 erzielte Jordan 38 und 44 Punkte. In Spiel 5 legte er 39 Punkte, 6 Assists, 4 Rebounds, 2 Steals, 2 Blocks auf.

Im Best of 7 Halbfinale der Eastern Conference verloren die Bulls dann jedoch in fünf Spielen gegen die erfahreneren Detroit Pistons um Isiah Thomas. Jordan war in allen Spielen, bis auf Spiel 3 (um einen Punkt), Top Scorer und erzielte durchschnittlich 27,4 Punkte pro Spiel. Der Erfolg der Pistons war aber nicht nur auf harte, nicht selten unsportliche Verteidigung gegen Jordan zurückzuführen, sondern hatte auch viel mit der Cleverness, dem Spielwitz und Talent von Point Guard Isiah Thomas zu tun. Thomas wird von Experten heute als einer der 3 besten Point-Guards aller Zeiten eingestuft.

Bulls Saison 1988-1989

Die NBA-Saison 1988-1989 war ein entscheidendes Jahr für Michael Jordan und die Chicago Bulls. Nach der herzzerreißenden Playoff-Niederlage gegen die Detroit Pistons in der vorangegangenen Saison waren die Bulls von einem brennenden Wunsch nach Wiedergutmachung beseelt. Angeführt von ihrem überragenden Superstar Jordan, wollten sie sich als legitime Meisterschaftsanwärter etablieren.

Die reguläre Saison begann für die Bulls mit hohen Erwartungen. Jordan, der bereits zweimaliger NBA-Torschützenkönig war, sollte sein Spiel noch weiter verbessern- und das tat er auch. Die Saison 1988-1989 war der Höhepunkt von Jordans offensiver Brillanz, denn er erzielte durchschnittlich 32,5 Punkte pro Spiel und festigte damit seine Position als bester Scorer der Liga. Zu seinen Punkten gesellten sich 8,0 Rebounds, 8,0 Assists und die in der Liga führenden 2,9 Steals pro Spiel, die seine Vielseitigkeit und seinen Einfluss auf beiden Seiten des Spielfelds unter Beweis stellten.

Auch wenn Jordans individuelle Leistungen herausragend waren, war der Erfolg der Bulls eine kollektive Leistung. Scottie Pippen entwickelte sich in seinem zweiten Jahr zu einem dynamischen und vielseitigen Stürmer. Pippens Auftauchen fügte dem Angriff der Bulls eine neue Dimension hinzu, denn er steuerte 14,4 Punkte, 6,1 Rebounds, 3,5 Assists und 2,1 Steals pro Spiel bei. Zusammen bildeten Jordan und Pippen ein dynamisches Duo, das die gegnerischen Teams in Angst und Schrecken versetzte.

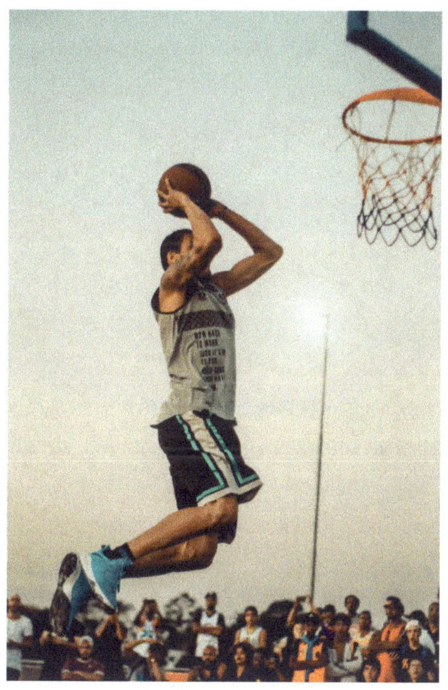

Unter der Leitung von Cheftrainer Doug Collins beendeten die Bulls, die reguläre Saison mit einer lobenswerten Bilanz von 47:35 und sicherten sich damit den dritten Platz in der Eastern Conference. Die Reise in die Playoffs begann mit einem Erstrundenmatch gegen die Cleveland Cavaliers, ein beeindruckendes Team, das von Spielern wie Mark Price und Brad Daugherty angeführt wurde.
Jordans Brillanz in den Playoffs war nicht zu übersehen und er steigerte sein Spiel zu neuen Höhen. In der Vier-Spiele-Serie gegen die Cavaliers erzielte er im Durchschnitt atemberaubende 39,8 Punkte pro Spiel, erstaunliche 8,2 Rebounds und 8,0 Assists. Seine Fähigkeit, Spiele im Alleingang zu dominieren, war unübertroffen und versetzte sowohl Fans als auch Gegner in Ehrfurcht. Die Bulls besiegten die Cavaliers und bereiteten damit die Bühne für ein mit Spannung erwartetes Zweitrunden-Duell.

Die nächste Herausforderung kam in Form ihrer Erzrivalen, den Detroit Pistons. Die Pistons waren den Bulls schon in der vergangenen Saison ein Dorn im Auge gewesen und hatten sie aus den Playoffs verdrängt. Diesmal waren die Bulls jedoch fest entschlossen, sich durchzusetzen und den Sieg zu erringen. Die Serie war ein physischer und zermürbender Kampf, bei dem beide Teams alles auf dem Platz ließen.

Jordans heroischer Einsatz zeigte sich in unglaublichen 29,7 Punkte, 8,7 Rebounds und 5,8 Assists pro Spiel, gegen das wohl physischste und härteste Team aller Zeiten. Trotz seiner außergewöhnlichen Leistung unterlagen die Bulls den Pistons in einer hart umkämpften Sechs-Spiele-Serie. Eine bittere Pille für Jordan und die Bulls, denn ihr Streben nach einer Meisterschaft war ein weiteres Mal nicht von Erfolg gekrönt.

Die Saison 1988-1989 war ein Beweis für Jordans individuelle Brillanz und Führungsqualitäten. Er stellte seine Fähigkeit unter Beweis, Spiele statistisch zu dominieren und gleichzeitig die Leistung seiner Teamkollegen zu steigern. Die Bulls hatten große Fortschritte gemacht, und ihre Playoff-Teilnahme war der Beweis für ihre Fortschritte. Allerdings mussten sie noch die Hürde der Detroit Pistons überwinden, ein Team, das zwischen ihnen und ihren Meisterschaftsträumen stand.

Die Saison war eine wertvolle Lernerfahrung für Jordan und die Bulls. Sie schürte ihren Erfolgshunger und machte deutlich, in welchen Bereichen sie sich verbessern mussten. Die Enttäuschung über die Niederlage motivierte sie schließlich dazu, im nächsten Jahr stärker und entschlossener zurückzukommen.

Der bittere Geschmack der Niederlage blieb, aber Jordan und die Bulls ließen sich nicht entmutigen. Aus der Saison 1988-1989 hatten sie wertvolle Lehren gezogen und die Weichen für ihr unermüdliches Streben nach Größe in den kommenden Jahren gestellt. Sie wollten ihr Können unter Beweis stellen und sich als das Team etablieren, das es in der NBA zu schlagen galt. Die Bühne war bereitet für den erneuten Aufstieg der Bulls, angeführt von Jordan, der bereit war, die Geschichte neu zu schreiben und sein Vermächtnis als einer der größten Basketballspieler aller Zeiten zu festigen.

Bulls Saison 1989-1990

Die NBA-Saison 1989-1990 war für die Bulls ein bedeutendes Jahr. Nach einer vielversprechenden Playoff-Saison zuvor, entschied sich das Team dazu, ihren Head Coach Doug Collins zu entlassen und durch den Assistenten Phil Jackson zu ersetzen. Jackson war zudem ehemaliger Spieler der Championship New York Knicks der 70er Jahre und brachte ein Talent mit, starke Persönlichkeiten und Egos miteinander zu vereinen. Unter seiner Leitung sollten die Bulls eine einzigartige Identität entwickeln. Jackson führte die Triangel-Offensive von Tex Winter ein, ein System, das die Ballbewegung und die Beteiligung der Spieler maximierte. Jordan war davon zunächst nicht begeistert, wollte er doch als bester Spieler den Ball in seinen Händen wissen.

Die "Triangle" erzeugte auf diese Weise aber einen ausgewogeneren Angriff, der Jordans außergewöhnliche Scoring-Fähigkeiten ergänzte und nicht in den Mittelpunkt stellte. Die Chemie im Team wurde immer besser und die Kameradschaft war sowohl auf als auch neben dem Spielfeld besser denn je.

Die Bulls holten sich den sechsten Pick im NBA-Draft und wählten Stacey King von der University of Oklahoma aus. Unter Jackson erreichten die Bulls eine solide Bilanz von 28-19 bis zur All-Star-Pause und beendeten die reguläre Saison mit einem starken 55-27 Rekord, was sie auf den zweiten Platz in der Central Division brachte.

Michael Jordan war weiterhin der Star des Teams und erzielte durchschnittlich 33,6 Punkte, 6,9 Rebounds, 6,3 Assists und 2,8 Steals pro Spiel. Er erzielte Jordan einen Karriere-Höchstwert von 69 Punkten in einem Sieg gegen die Cleveland Cavaliers. Er wurde ins All-NBA First Team und ins NBA All-Defensive First Team gewählt, belegte allerdings nur den dritten Platz in der MVP-Wertung ("Voters Fatigue"). Scottie Pippen entwickelte sich ebenfalls weiter und erreichte Durchschnittswerte von 16,5 Punkten, 6,7 Rebounds, 5,4 Assists und 2,6 Steals pro Spiel. Beide wurden für das NBA All-Star Game ausgewählt, Pippen zum ersten Mal in seiner Karriere.

In den Playoffs setzten sich die Bulls in der Eastern Conference Erstrunden-Serie gegen die Milwaukee Bucks mit 3-1 durch und bezwangen die Philadelphia 76ers in den Eastern Conference Semi-Finals mit 4-1. Doch dann trafen sie im Eastern Conference Finale erneut auf ihre Erzrivalen, die Detroit Pistons, die sie in den beiden vorangegangenen Saisons bereits aus den Playoffs gefegt hatten. Die Serie ging über sieben Spiele, aber am Ende mussten sich die Bulls den Pistons geschlagen geben, die schließlich ihren zweiten aufeinanderfolgenden NBA-Titel gewannen. Die Bulls verloren also drei Jahre in Folge in den Playoffs gegen die Detroit Pistons- 1987 mit 4:1, 1988 mit 4:2 und 1989 mit 4:3 Spielen.

Die Saison 1989-1990 war voller Höhen und Tiefen für die Bulls, aber sie legten den Grundstein für die große Dominanz, die noch kommen sollte. Jordan und das Team hatten viel zu feiern, und ihre Leistungen wurden von den Fans begeistert beobachtet. Dies war nur der Anfang einer unvergesslichen Ära, die die NBA für immer verändern sollte.

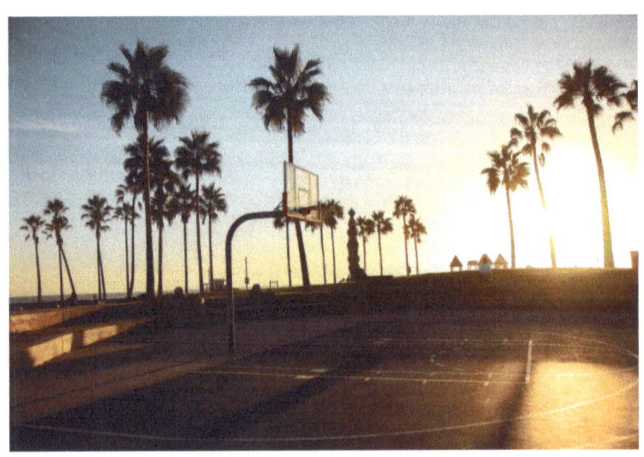

DER SLAM DUNK CONTEST UND DIE SPITZNAMEN AIR JORDAN UND HIS AIRNESS

1987-1990

Bevor wir auf den ersten "Tree-Peat" der Chicago Bulls blicken, möchte ich kurz auf den Slam-Dunk Contest eingehen. Schließlich ist GOAT Jordan bis heute nicht nur als bester 2-Way Player aller Zeiten bekannt, sondern auch als Entertainer, der die große Bühne niemals scheute. "His Airness" hat die Welt des Basketballs nicht nur durch seine beeindruckenden Leistungen in NBA-Spielen, sondern auch durch seine legendären Auftritte beim Slam Dunk Contest geprägt. Insgesamt nahm Jordan zweimal an diesem prestigeträchtigen Wettbewerb teil und beide Male hinterließ er einen unvergesslichen Eindruck, der ihn zum Inbegriff des spektakulären Dunkings machte.

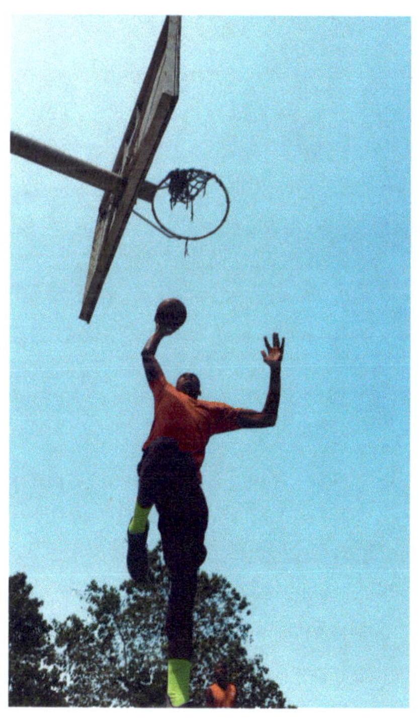

Slam-Dunk Contest 1987

Jordans erster Auftritt im Slam Dunk Contest fand 1987 statt, als er sich zum ersten Mal der Basketballwelt als aufstrebender Superstar präsentierte. Der Wettbewerb fand während des NBA All-Star Weekends in Indianapolis statt und alle waren gespannt auf das, was dieser junge Athlet zeigen würde.

In der ersten Runde beeindruckte Jordan die Zuschauer mit einem spektakulären Windmill Dunk, bei dem er den Ball in einer fließenden Bewegung über den Kopf hob und ihn mit einem kraftvollen Schwung durch den Ring beförderte. Dieser spektakuläre Move brachte ihm die Höchstwertung und setzte die Messlatte hoch für die Konkurrenz.

In der zweiten Runde zeigte Jordan seinen ikonischen "Rock-the-Cradle"-Dunk, bei dem er den Ball wie ein Baby in den Armen hielt, bevor er ihn mit einer unglaublichen Hängezeit in den Korb stopfte. Dieser kreative und elegante Dunk verblüffte das Publikum und die Jury gleichermaßen.

Im Finale stand Jordan Dominique Wilkins von den Atlanta Hawks gegenüber, einem anderen herausragenden Dunker seiner Zeit und bis heute einer der athletisch begabtesten Spieler überhaupt. Die beiden lieferten sich ein beeindruckendes Duell, bei dem sie nacheinander atemberaubende Dunks präsentierten. In der Finalrunde zeigte Jordan dann auch zum ersten Mal seinen legendären Dunk, der später sein sprichwörtliches Markenzeichen werden sollte. Dabei sprang er von der Freiwurflinie ab und flog scheinbar schwerelos durch die Luft, bevor er den Ball dunkte sich zum Slam Dunk Champion von 1987 krönte.

Slam Dunk 1988

Ein Jahr später später, 1988, kehrte Jordan zum Slam Dunk Contest zurück, dieses Mal im heimischen Chicago. Die Erwartungen waren hoch, und Jordan enttäuschte die Fans nicht. In der ersten Runde zeigte er einen unglaublichen Dunk, den er später als "Leaner" bezeichnete. Dabei lief er diagonal auf den Korb zu, lehnte sich nach vorne und streckte den Ball mit einer Hand weit hinter sich aus, bevor er den Slam vollführte. Dieser spektakuläre Move brachte ihm wieder die Höchstwertung ein.

In der zweiten Runde bewies Jordan erneut seine Kreativität mit einem Dunk, den er als "Kiss-the-Glass" bezeichnete. Er sprang von der Freiwurflinie ab, schien im Flug über dem Korb zu schweben und berührte den Ball mit seinen ausgestreckten Fingern am Glas, bevor er den Dunk vollendete. Dieser Trick war nicht nur äußerst schwierig, sondern auch ästhetisch beeindruckend und zeigte die unglaubliche Körperbeherrschung und Athletik von Jordan.

Im Finale traf Jordan erneut auf Dominique Wilkins, und die beiden Rivalen lieferten sich ein episches Duell. Der Höhepunkt dieses Wettbewerbs war Jordans "Free-Throw-Line Dunk", bei dem er aus dem Stand von der Freiwurflinie absprang und mit unglaublicher Hängezeit den Ball in den Korb stopfte. Dieser Dunk wird oft als einer der besten in der Geschichte des Slam Dunk Contests bezeichnet und ist zum Markenzeichen von Michael Jordan geworden.

Jordans spektakuläre Leistungen im Slam Dunk Contest machten ihn zu einem der bekanntesten und beliebtesten Athleten weltweit. Sein unglaubliches Können und seine Fähigkeit, die Schwerkraft scheinbar zu überwinden, beeindruckten nicht nur die Basketballgemeinschaft, sondern auch Menschen, die mit dem Sport sonst nicht viel am Hut hatten.

Darüber hinaus war Jordans Erfolg im Slam Dunk Contest ein weiteres Beispiel für seine Wettkampfmentalität und seinen unermüdlichen Ehrgeiz. Er war stets darauf bedacht, das Beste aus sich herauszuholen und sich kontinuierlich zu verbessern, um seine Ziele zu erreichen. Seine Auftritte im Slam Dunk Contest waren nicht nur spektakulär anzusehen, sondern spiegelten auch seine Entschlossenheit und seinen unersättlichen Hunger nach Erfolg wider.

Jordans Erfolge im Slam Dunk Contest haben seinen Status als Basketballlegende und einen der größten Spieler aller Zeiten weiter gestärkt. Seine Darbietungen in diesen Wettbewerben sind untrennbar mit seiner herausragenden Karriere verbunden und werden für immer in der Erinnerung der Fans und der Basketballwelt bleiben. Michael Jordan hat nicht nur die Schwerkraft überwunden, sondern auch die Grenzen dessen, was im Basketball möglich ist, neu definiert. Seine Tricks und Dunks werden noch lange Zeit als Maßstab für spektakuläres Dunking dienen und seine Legende weiterleben lassen.

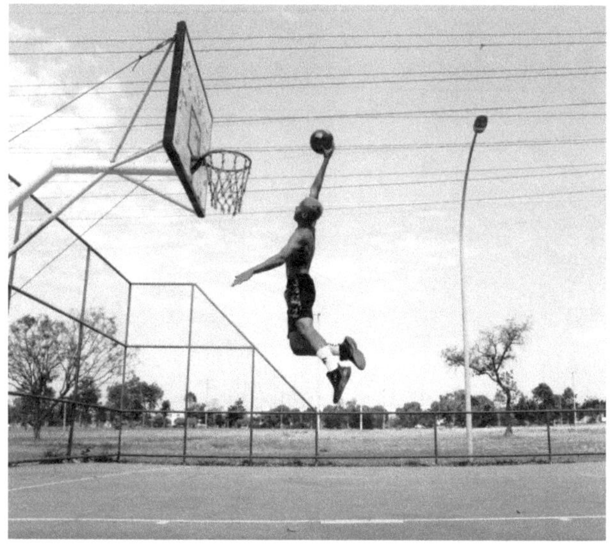

DER ERSTE THREE-PEAT (1991-1993)

UNTERTITEL

Der 1. NBA Titel 1990/1991

Nach der erneuten Pleite gegen die Pistons sah sich Jordan aufgrund der physischen Spielweise zu körperlichen Maßnahmen gezwungen. Er suchte sich einen Fitnesstrainer. Mit Tim Grover (Literaturtipp: "Relentless") sollte Jordan gute 10kg Muskelmasse in der Offseason zulegen, um besonders der physischen Spielweise der Pistons Muskelmasse und Ausdauer entgegenzusetzen.

Die NBA-Saison 1990-91 war ein unglaubliches Jahr für die Chicago Bulls. Nach einem langsamen Start, bei dem sie ihre ersten drei Spiele verloren, kämpften sie sich zurück und gewannen später 11 Spiele in Folge. Dieser beeindruckende Lauf setzte sich im März mit neun weiteren Siegen fort. Die Bulls beendeten die reguläre Saison mit einem starken 61-21 Rekord und sicherten sich den ersten Platz in der Eastern Conference. Sie wurden weithin als eines der besten Teams aller Zeiten angesehen, mit der besten Offensivwertung und der siebtbesten Defensivwertung in der NBA.

Michael Jordan war natürlich der Superstar des Teams und erzielte durchschnittlich 31,5 Punkte, 6,0 Rebounds, 5,5 Assists und 2,7 Steals pro Spiel. Er gewann erneut die Scoring-Wertung und seine zweite Most Valuable Player Auszeichnung. Scottie Pippen leistete ebenfalls hervorragende Arbeit und erzielte im Schnitt 17,8 Punkte, 7,3 Rebounds, 6,2 Assists und 2,4 Steals pro Spiel. Die Bulls hatten ein starkes Team und Spieler wie Horace Grant und Bill Cartwright trugen ebenfalls zum Erfolg bei.
In den Playoffs zeigten die Bulls ihre Dominanz. Sie fegten die New York Knicks in der ersten Runde mit 3:0 aus dem Weg und besiegten in der nächsten Runde die Philadelphia 76ers in fünf Spielen. In den Eastern Conference Finals waren sie nicht zu stoppen und fegten die verteidigenden Meister, die Detroit Pistons, in vier Spielen vom Platz. Damit zogen sie zum ersten Mal in die NBA-Finals ein.

In den NBA-Finals trafen die Bulls auf die Los Angeles Lakers, angeführt von Magic Johnson. Nach einer knappen Niederlage im ersten Spiel kämpften sich die Bulls zurück und gewannen die Serie klar mit 4:1. Legendär ist der Moment, als Jordan zum Dunk ansetzt und mitten in der Luft, den Ball in die linke Hand wechselt und über das Brett in den Korb legte. Die Bulls sollten 1990 den ersten NBA-Titel in der Geschichte der Franchise sichern. Dies war erst der Anfang einer unglaublichen Erfolgsgeschichte für die Bulls, die zu einer dominanten Basketball-Macht geworden waren.

Der 2. NBA Titel 1991/1992

Die NBA-Saison 1991-92 war ein weiteres unglaubliches Jahr für die Chicago Bulls. Als amtierende NBA-Champions gingen sie in die Saison, nachdem sie die Los Angeles Lakers in den 1991 NBA Finals in fünf Spielen besiegt und ihren ersten NBA-Titel in der Geschichte des Franchise gewonnen hatten. Das Team der Bulls aus dieser Saison gilt weithin als eines der besten Teams aller Zeiten.

Die Bulls starteten die Saison etwas holprig, aber nach einem Trade und einem starken Siegeslauf von 14 Spielen in Folge waren sie wieder voll im Rennen. Angeführt von Superstar Michael Jordan, der zum zweiten Mal in Folge zum Most Valuable Player of the Year gekrönt wurde, dominierten sie die Liga. Jordan erzielte durchschnittlich 30,1 Punkte, 6,4 Rebounds, 6,1 Assists und 2,3 Steals pro Spiel und wurde ins All-NBA First Team gewählt. Scottie Pippen war ein weiterer Star in der Mannschaft und trug mit seinen 21,0 Punkten, 7,7 Rebounds und 7,0 Assists pro Spiel zum Erfolg bei. Die Bulls hatten auch talentierte Spieler wie Horace Grant und B.J. Armstrong, die wichtige Beiträge vom Spielfeldrand leisteten.

In den Playoffs zeigten die Bulls erneut ihre Dominanz und fegten die Miami Heat in der ersten Runde mit 3:0 aus dem Weg. In den folgenden Runden mussten sie sich jedoch gegen starke Konkurrenten wie die New York Knicks und die Cleveland Cavaliers behaupten. Sie meisterten die Herausforderungen und zogen zum zweiten Mal in Folge in die NBA-Finals ein.
In den NBA-Finals trafen sie auf die Portland Trail Blazers und gewannen die Serie schließlich mit 4:2 Spielen. Damit sicherten sie sich ihren zweiten aufeinanderfolgenden Meistertitel und stellten erneut ihre Dominanz unter Beweis.

Die Saison 1991-92 war ein weiterer Höhepunkt in der unglaublichen Erfolgsgeschichte der Bulls. Mit Superstars wie Jordan und Pippen, einem talentierten Team und einem brillanten Coach in Phil Jackson, war das Team auf dem Gipfel des Basketballs. Die Bulls hatten die Liga fest im Griff und ihre Spiele waren ein Spektakel, das Fans auf der ganzen Welt begeisterte. Dies war nur der Anfang einer unvergesslichen Ära, die die Basketballwelt für immer verändern sollte.

Three-Peat - der 3. NBA Titel 1992/1993

Die NBA-Saison 1992-93 war ein aufregendes Jahr für die Chicago Bulls. Als amtierende NBA-Champions gingen sie in die Saison, nachdem sie die Portland Trail Blazers in den 1992 NBA Finals in sechs Spielen besiegt und ihren zweiten NBA-Titel gewonnen hatten. Die Bulls hatten einige Veränderungen im Team vorgenommen und neue Spieler wie Rodney McCray und Trent Tucker verpflichtet. In der Saison setzten sie ihre Dominanz fort und erreichten erneut die Eastern Conference Finals.
Michael Jordan führte die Liga erneut mit durchschnittlich 32,6 Punkten pro Spiel an und wurde ins All-NBA First Team gewählt. Scottie Pippen war ebenfalls ein Schlüsselspieler für die Bulls und erzielte im Schnitt 18,6 Punkte pro Spiel. Beide wurden ins NBA All-Defensive First Team gewählt und für das NBA All-Star Game ausgewählt.

In den Playoffs zeigten die Bulls erneut ihre Stärke und fegten die Atlanta Hawks und die Cleveland Cavaliers in den ersten beiden Runden mit jeweils 3:0 und 4:0 aus dem Weg. In den Eastern Conference Finals trafen sie auf die New York Knicks und mussten sich zunächst geschlagen geben. Doch dann drehten sie die Serie und gewannen vier Spiele in Folge, um sich für die NBA Finals zu qualifizieren.

In den NBA Finals trafen die Bulls auf die Phoenix Suns um Superstar und MVP Charles Barkely, sowie zahlreichen legendär guten Schützen. Die Bulls gewannen die Serie mit 4:2 Spielen, nicht zuletzt, weil die Suns niemanden hatten, der Jordan annähernd im Zaum halten konnte. Damit sicherten sie sich ihren dritten aufeinanderfolgenden Meistertitel. Diese Saison war auch besonders, weil es die letzte Saison war, in der die Bulls im Chicago Stadium spielten.

Die Saison endete jedoch mit einer großen Überraschung - Michael Jordan verkündete plötzlich seinen Rücktritt. Die NBA-Welt war geschockt, als der beste Basketballspieler aller Zeiten seine Karriere beendete.

RUHESTAND / RETIREMENT, DIE ERSTE

1993–1994

Karriereende und Zeit in Minor League Baseball (1993–1995)

Michael Jordan, eine Ikone des Basketballs und eine der größten Sportpersönlichkeiten aller Zeiten, erschütterte im Jahr 1993 den Sport und befand sich an einem Wendepunkt in seiner Karriere. Nachdem er mit den Chicago Bulls drei aufeinanderfolgende NBA-Meisterschaften errungen hatte, traf er eine unerwartete Entscheidung: Er verkündete sein Karriereende.

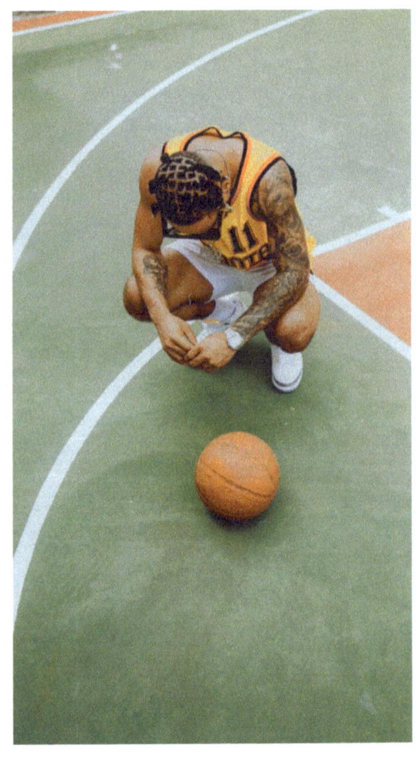

Am 6. Oktober 1993 verkündete Jordan offiziell sein Karriereende. Seine Begründung war, dass er die Lust am Basketballspielen verloren habe. Doch in Wahrheit steckte hinter dieser Entscheidung mehr als nur der Wunsch nach Veränderung. Drei Monate zuvor war sein Vater, James R. Jordan Sr., auf tragische Weise ermordet worden. Dieser schmerzliche Verlust beeinflusste Jordan tiefgreifend und half ihm, seine Zukunft in einem neuen Licht zu sehen.

James Jordan war nicht nur ein liebevoller Vater, sondern auch ein großer Einfluss auf Jordans Leben und Karriere. Als Kind imitierte er die Gesten seines Vaters, darunter das charakteristische Herausstrecken der Zunge, das später zu Jordans Markenzeichen wurde.

Der Mord an seinem Vater löste in ihm eine Welle von Emotionen aus und führte zu einer innigen Bindung an dessen Vermächtnis. In seiner Autobiographie "For the Love of the Game" von 1998 enthüllte Jordan, dass er schon im Sommer 1992 begann, sich auf seine mögliche Pensionierung vorzubereiten. Die Erschöpfung nach dem Gewinn der Goldmedaille mit dem "Dream Team" bei den Olympischen Sommerspielen 1992 verstärkte seinen Wunsch, eine Pause einzulegen und über seine Zukunft nachzudenken.

Nach seinem Karriereende überraschte Jordan erneut die Sportwelt, als er eine neue Herausforderung annahm: er wollte professioneller Baseball-Spieler werden. Er unterzeichnete einen Vertrag mit den Chicago White Sox und trat in die Minor League Baseball ein. Viele fragten sich, ob dieser Wechsel klug war oder ob Jordan den Glanz seiner Basketballkarriere in Gefahr bringen würde.

In der Saison 1994 spielte Jordan für die Birmingham Barons, einem Double-A-Team der Chicago White Sox. Seine Baseballkarriere war von Höhen und Tiefen geprägt, aber er zeigte auch seinen unverkennbaren Ehrgeiz und Willen zum Erfolg. Obwohl er nicht die gleichen Erfolge wie im Basketball feierte, beeindruckte Jordan viele mit seinem Engagement und seiner Fähigkeit, sich immer wieder neu zu erfinden.

Am 18. März 1995 kehrte Jordan schließlich in die NBA zurück und verkündete dies mit den berühmten Worten: "Ich bin zurück." Seine Rückkehr zu den Bulls wurde von den Fans und der gesamten Sportwelt enthusiastisch gefeiert. Er trug nun die Nummer 45, die er während seiner Zeit im Baseball verwendet hatte, aber es dauerte nicht lange, bis er wieder seine legendäre Nummer 23 aufnahm.

Obwohl seine Auszeit aus der NBA ungewöhnlich war, bewies Jordan erneut seine Ausnahmestellung im Sport. Seine Comeback-Saison war von eindrucksvollen Leistungen und spektakulären Momenten geprägt. Die Bulls erreichten erneut die Playoffs, und Jordan führte sie mit seinem charakteristischen Stil und seiner unerschütterlichen Entschlossenheit.
Die Entscheidung, vom Basketball zum Baseball und zurückzukehren, spiegelt die Vielseitigkeit und den unstillbaren Hunger nach Herausforderungen wider, der Michael Jordan zu einem wahren Ausnahmesportler machte. Seine Erfolge auf dem Basketballplatz und sein mutiger Ausflug in die Welt des Baseballs werden für immer Teil seiner beeindruckenden Sportlegende sein. Michael Jordan wird nicht nur als einer der größten Basketballspieler in Erinnerung bleiben, sondern auch als eine inspirierende Persönlichkeit, die Hindernisse überwand und die Welt des Sports für immer prägte.

DER ZWEITE THREE-PEAT (1995-1998)

UNTERTITEL

Der 4. NBA Titel 1995/1996

Die NBA-Saison 1995-96 war eine absolute Glanzzeit für die Chicago Bulls in der National Basketball Association. In der Off-Season sicherten sie sich den umstrittenen All-Star-Forward und Rebound-Spezialisten Dennis Rodman von den San Antonio Spurs und holten zudem die Free Agents Randy Brown und James Edwards. Mitte der Saison kam auch noch John Salley dazu, der zuvor von den Toronto Raptors entlassen wurde. Rodman, Edwards und Salley waren während der "Bad Boy"-Ära gemeinsam Teamkollegen bei den Detroit Pistons und hatten dort zwei aufeinanderfolgende Meisterschaften gewonnen. Sie waren somit über Jahre hinweg unmittelbare Konkurrenten von Michael Jordan, der die Neuzugänge aber ob ihrer Spielstärke und mentalen Toughness durchaus begrüßte. In meinen Augen ist das eines der Zeichen von großartigen Spielern und genauso wichtig wie beispielsweise die "coachability" (wie wissensdurstig ist man und wie gut lässt man sich coachen).

Das Bulls Team der Saison 1995-96 gilt als das Beste in der Geschichte der NBA und wurde anlässlich des 50-jährigen Jubiläums der Liga zu einem der Top 10 Teams aller Zeiten gewählt. Mit 72 Siegen und nur 10 Niederlagen stellten sie einen Rekord für die meisten Siege in einer regulären NBA-Saison auf, der erst viele Jahre später - 2015/2016 durch die Golden State Warriors und eine 73:9 Saison - gebrochen wurde. Man darf jedoch mit Fug und Recht behaupten, dass das Talent und die Spielstärke der NBA in der Bulls-Saison deutlich stärker war. Die Bulls sicherten sich nicht nur die Meisterschaft, sondern haben auch einen besonderen Platz in den Annalen der NBA-Geschichte.

Die Bulls starteten die Saison mit einer beeindruckenden 37-Spiele-Siegesserie zu Hause, die zusammen mit Siegen aus der vorherigen Saison zu einer rekordverdächtigen 44-Spiele-Siegesserie führte. Auch auswärts waren sie unschlagbar und holten 33 Siege, was zu einem der besten Saisonstarts in der Geschichte der NBA führte. Die Mannschaft blieb bis Januar ungeschlagen und hatte zur All-Star-Pause eine beeindruckende Bilanz von 42-5. Die Bulls waren das erste NBA-Team, das in der regulären Saison mehr als 70 Spiele gewann und sich den ersten Platz sowohl in ihrer Division als auch in der gesamten NBA sicherte. Ihre Heimbilanz mit 39:2 Punkten war die beste in der Liga.

Der 4. NBA Titel 1995/1996

Die Stars Michael Jordan und Scottie Pippen wurden beide in das NBA All-Star Game 1996 ausgewählt. Jordan wurde zum MVP der Saison gewählt und zeigte auf dem Spielfeld unglaubliche Statistiken. Er erzielte durchschnittlich 30,4 Punkte, 6,6 Rebounds, 4,3 Assists und 2,2 Steals pro Spiel. Zudem erzielte Pippen durchschnittlich 19,4 Punkte, 6,4 Rebounds, 5,9 Assists und 1,7 Steals pro Spiel. Rodman führte die Liga mit 14,9 Rebounds pro Spiel an, bestritt aber nur 64 Spiele in dieser Saison und wurde für sechs Spiele gesperrt, weil er während eines Auswärtsspiels gegen die New Jersey Nets am 16. März 1996 einen Schiedsrichter mit dem Kopf gestoßen hatte. Jordan und Pippen wurden beide in das All-NBA First Team und das NBA All-Defensive First Team gewählt, Rodman wurde ebenfalls in das NBA All-Defensive First Team Team gewählt. Toni Kukoč brillierte als sechster Mann und wurde zum "Sixth Man of the Year" gekürt. Luc Longley steuerte dem Team 9,1 Punkte und 5,1 Rebounds pro Spiel bei, während Dreipunktespezialist Steve Kerr von der Bank aus 8,4 Punkte pro Spiel beisteuerte und dabei eine Trefferquote von über 50% bei Dreipunktewürfen aufwies.

In den Playoffs zeigten die Bulls erneut ihr Können und besiegten ihre Gegner souverän. Die Bulls fegten die Miami Heat mit 3:0 in der ersten Runde der Eastern Conference Playoffs beiseite, besiegten anschließend die an fünfter Stelle gesetzten New York Knicks mit 4:1 in fünf Spielen des Halbfinales der Eastern Conference, und zerlegten dann die Orlando Magic um Shaquille O'Neal und Penny Hardaway - gegen die sie das Jahr zuvor aus den Playoffs flogen - mit 4:0 im Finale der Eastern Conference. Schließlich besiegten sie die Seattle SuperSonics mit 4:2 in den NBA Finals 1996 und sicherten sich so ihren vierten NBA-Titel in sechs Saisons. Die Bulls haben bis heute mit einer Bilanz von 87-13 (.870) die beste kombinierte Bilanz aus regulärer Saison und Playoffs in der NBA-Geschichte.

Der 5. NBA Titel 1996/1997

Die NBA-Saison 1996-97 war die 31. Saison der Bulls in der National Basketball Association. Die Bulls gingen als amtierende NBA-Meister in die Saison, nachdem sie die Seattle SuperSonics in den NBA Finals 1996 in sechs Spielen besiegt hatten und ihren vierten NBA-Titel innerhalb von 6 Jahren gewonnen hatten. Während der Off-Season verpflichteten die Bulls den Free Agent All-Star Center Robert Parish, der in den 1980er Jahren drei Meisterschaften mit den Boston Celtics gewonnen hatte. Er sollte eine Mentorenrolle einnehmen. Nach einer der besten Spielzeiten in der NBA-Geschichte wiederholten die Bulls ihren ersten Platz in der Division und der Conference. Sowohl Jordan als auch Pippen wurden erneut für das NBA All-Star Game 1997 ausgewählt, bei dem Jordan das erste Triple-Double in einem All-Star-Spiel erzielte (14 Punkte, 11 Rebounds und 11 Assists). Es war Pippens siebte und letzte All-Star-Teilnahme. Weitere wichtige Spieler im Kader des Teams waren weiterhin Toni Kukoč, der sich auf wichtige Würfe spezialisiert hatte und der treffsichere Point Guard Steve Kerr.

Die Bulls starteten furios und gewannen ihre ersten zwölf Spiele. Zur All-Star-Pause wiesen sie eine Bilanz von 42-6 auf und eine zweite 70-Siege-Saison in Folge schien in greifbarer Nähe. Im April verpflichtete das Team den Free Agent Brian Williams, der in der letzten Saison für die Los Angeles Clippers gespielt hatte und die meiste Zeit der Saison 1996-97 als Free Agent verbracht hatte. Williams spielte in den letzten neun Spielen der regulären Saison als Backup-Center für die Bulls. Obwohl die Bulls im letzten regulären Saisonspiel des Jahres gegen die New York Knicks Geschichte schreiben wollten, verfehlte Pippen einen spielentscheidenden Dreier. Die Bulls beendeten die Saison mit einer Bilanz von 69-13. Damit verpassten sie knapp den Rekord, das erste Team in der NBA-Geschichte mit zwei aufeinanderfolgenden Saisons mit über 70 Siegen zu werden. Die Bulls hatten die viertbeste Defensivwertung in der NBA.

Der 5. NBA Titel 1996/1997

Jordan führte die Liga erneut im Scoring an und erzielte durchschnittlich 29,6 Punkte, 5,9 Rebounds, 4,3 Assists und 1,7 Steals pro Spiel. Er wurde in das All-NBA First Team gewählt, während Pippen durchschnittlich 20,2 Punkte, 6,5 Rebounds, 5,7 Assists und 1,9 Steals pro Spiel erzielte und ins All-NBA Second Team gewählt wurde. Sowohl Jordan als auch Pippen wurden erneut in das NBA All-Defensive First Team gewählt. Man kann nur erahnen, wie schwer es für Gegner war, gegen die zwei besten Verteidiger der Liga zu scoren. Zudem führte Rodman die Liga mit 16,1 Rebounds pro Spiel an, spielte jedoch aufgrund von Sperren und Verletzungen nur 55 Spiele. Unter anderem saß er eine 11-Spiele-Sperre ab, nachdem er während eines Auswärtsspiels gegen die Minnesota Timberwolves am 15. Januar 1997 einen Kameramann getreten hatte, und er verpasste aufgrund einer Knieverletzung die letzten 13 Spiele der regulären Saison. Kukoč steuerte als Einwechselspieler durchschnittlich 13,2 Punkte pro Spiel bei, spielte jedoch aufgrund einer Fußverletzung nur 57 Spiele. Luc Longley trug 9,1 Punkte und 5,6 Rebounds pro Spiel bei, Kerr steuerte von der Bank aus 8,1 Punkte pro Spiel bei und erzielte dabei eine Trefferquote von 46,4% bei Dreipunktewürfen. Ron Harper trug durchschnittlich 6,3 Punkte und 2,5 Assists pro Spiel bei. Jordan wurde in der Most Valuable Player-Wahl, obwohl nach wie vor mit Abstand der dominanteste und beste Spieler der NBA, lediglich zweiter hinter Karl Malone. Kerr gewann auch den Three-Point Shootout während des All-Star-Wochenendes in Cleveland.

In den Playoffs fegten die Bulls die Washington Bullets in der ersten Runde der Eastern Conference mit 3:0 Spielen hinweg. Im Halbfinale der Eastern Conference besiegten sie die Atlanta Hawks in fünf Spielen (4:1), obwohl sie das Spiel 2 im United Center mit 103:95 verloren. Im Finale der Eastern Conference besiegten sie die Miami Heat in fünf Spielen (4:1) und zogen in die NBA Finals ein, wo sie sich gegen den regulären Saison MVP Karl Malone, und einen der Top-5 Point Guards aller Zeiten und noch immer All-Time-Assist Leader John Stockton und die Utah Jazz in sechs Spielen (4:2) den fünften Titel in sieben Jahren sicherten. Nach der Saison trat Parish nach 21 Spielzeiten in der NBA zurück, während Williams als Free Agent zu den Detroit Pistons wechselte, und Dickey Simpkins zu den Golden State Warriors getauscht wurde.

Der 6. NBA Titel 1997/1998

Die NBA-Saison 1997-98 war die 32. Saison der Bulls in der National Basketball Association. Die Bulls gingen als zweifache amtierende NBA-Meister in die Saison und trafen in den Finals erneut auf die Utah Jazz, eine Neuauflage der NBA Finals des Vorjahres. Wie im Vorjahr besiegten sie die Jazz in sechs Spielen und gewannen ihren sechsten Titel in acht Jahren, was den zweiten "3-Peat" in der Geschichte des Franchise bedeutete und einen bis heute ungebrochenen Rekord darstellt. Diese Saison ist auch als "The Last Dance" bekannt, weil viele der Spieler bereits ahnten, dass sich die Dynastie - nicht zuletzt ob der fragwürdigen Managemententscheidungen von GM Jerry Krause - dem Ende zuneigen würde. Dieser hatte bereits vor der Saison entschieden und offen bekanntgegeben, dass der Vertrag von Cheftrainer Phil Jackson nicht verlängert werden würde. Jordan gab daraufhin bekannt, dass er, würde der Vertrag auslaufen, ob seiner Loyalität zu Jackson dessen Karriere ebenfalls an den Nagel hängen würde- unvorstellbar für einen Spieler, der weiterhin mit Abstand der dominanteste der Liga war. Der Druck, der in dieser Saison auf den Bulls lastete, noch einmal zu gewinnen, muss kaum auszuhalten gewesen sein.

In der Off-Season holten die Bulls Scott Burrell von den Golden State Warriors und verpflichteten den Free Agent Joe Kleine. Allerdings verpasste All-Star Forward Scottie Pippen aufgrund einer Zehenverletzung an seinem linken Fuß, die er sich in den NBA Playoffs 1997 zugezogen hatte, die erste Hälfte der Saison. Ohne Pippen starteten die Bulls mit einer langsamen Bilanz von 9-7 im November, konnten aber mit einer 15-4-Bilanz aufholen, bis er im Januar zurückkehrte. Jordan nam die Fäden in die Hand und übernahm von Puppen die Point-Forward-Verantwortung. Zu allem Unglück zog sich der Dreipunkt-Spezialist Steve Kerr im Januar eine Knieverletzung zu und bestritt nur 50 Spiele. Trotz der Verletzungen hatten die Bulls eine Bilanz von 34-15 zur All-Star-Pause. In der Mitte der Saison tauschte das Team Jason Caffey gegen David Vaughn von den Golden State Warriors ein. Vaughn spielte jedoch nur drei Spiele für die Bulls, bevor er am 2. März entlassen wurde. Anfang März verpflichteten die Bulls auch den ehemaligen Reservespieler Dickey Simpkins erneut, der zuvor von den Warriors entlassen worden war. Er spielte in den letzten 21 Spielen der regulären Saison. Trotz des langsamen Starts und der späten Rückkehr von Scottie Pippen, der nur 44 Spiele bestritt, legten die Bulls eine Siegesserie von 13 Spielen zwischen März und April hin und beendeten die Saison mit einer Bilanz von 62-20. Damit belegten sie den ersten Platz in der Central Division und der Eastern Conference. Die Bulls hatten die drittbeste Defensivwertung in der NBA.

Der 6. NBA Titel 1997/1998

In der ersten Runde der Eastern Conference Playoffs zerlegten die Bulls die New Jersey Nets mit 4:0 Spielen. Sie besiegten die Charlotte Hornets in fünf Spielen in der zweiten Runde der Eastern Conference, obwohl sie das Spiel 2 im United Center mit 78:76 verloren. Am Sieg, der Jordans Motivation und die anschließende Vernichtung einmal mehr entzündete, hatte B. J. Armstrong, vormals Chicago Bulls, einen erheblichen Anteil. Die Bulls besiegten die Indiana Pacers mit 4:3 in den Eastern Conference Finals, um in die NBA Finals einzuziehen. Jordan bestätigte viele Jahre später, dass die Pacers um die Legenden Reggie Miller, Mark Jackson, Rick Smitts und Jalen Rose das beste Team waren, gegen das er je gespielt hatte. In den Finals trafen die Bulls erneut auf die Utah Jazz und besiegten sie wie im Vorjahr in sechs Spielen, um den Titel zu gewinnen. Dabei entstand auch die legendäre Situation von "The Shot", als Jordan in den letzten Sekunden von Spiel 6 Karl Malone zuerst den Ball stiehlt, bevor er den spielentscheidenden Mid-Range Jumper perfekt versenkt und anschließend die Pose für einige Sekunden hält.

In der Saison 1997-1998 gewann Michael Jordan seine fünfte und letzte NBA Most Valuable Player-Auszeichnung und wurde in das NBA All-Star Game 1998 gewählt, bei dem er auch seine dritte und letzte All-Star Game MVP-Auszeichnung erhielt. Er führte erneut die Liga im Scoring an und erzielte durchschnittlich 28,7 Punkte, 5,8 Rebounds und 1,7 Steals pro Spiel. Er wurde in das All-NBA First Team und das NBA All-Defensive First Team gewählt und belegte den vierten Platz in der Defensive Player of the Year-Wahl. Pippen erzielte durchschnittlich 19,1 Punkte, 5,2 Rebounds, 5,8 Assists und 1,8 Steals pro Spiel und wurde in das All-NBA Third Team und das All-Defensive First Team gewählt. Er belegte den zehnten Platz in der Most Valuable Player-Wahl. Rebound-Spezialist Dennis Rodman führte erneut die Liga in den Rebounds an und erzielte durchschnittlich 15,0 Rebounds pro Spiel. Toni Kukoč erzielte durchschnittlich 13,3 Punkte pro Spiel und spielte die meiste Zeit der Saison als starting Small Forward in Abwesenheit von Pippen. Luc Longley trug 11,4 Punkte und 5,9 Rebounds pro Spiel bei, Ron Harper steuerte 9,3 Punkte und 1,3 Steals pro Spiel bei, und Kerr erzielte von der Bank aus 7,5 Punkte pro Spiel.

Der 6. NBA Titel 1997/1998

IDie Saison 1998 war Jordans letzte Saison als Bull, gab er doch, wie schon vor der Saison angekündigt, nach Saisonende seinen zweiten Rücktritt bekannt, wurde der Vertrag mit Phil Jackson als Cheftrainer doch nicht verlängert. Pippen endete be den Portland Trailblazers als Nr. 1 des Teams, Rodman ging als Free Agent zu den Los Angeles Lakers, Longley zu den Phoenix Suns und Kerr wurde zu den San Antonio Spurs getradet. Für die spätere Entwicklung der NBA nicht ganz unwichtig, baute Kerr doch so seine Beziehung zu Spurs Coach Gregg Popovich auf, der später Kerrs Trainings-Mentor werden sollte. Die Mannschaft wurde quasi aufgelöst. Die Bulls kehrten erst 2005 wieder in die Playoffs zurück, jedoch wenig erfolgreich. Die Geschichte dieser Saison kann in der Dokumentation "The Last Dance" von ESPN noch einmal nachempfunden werden.

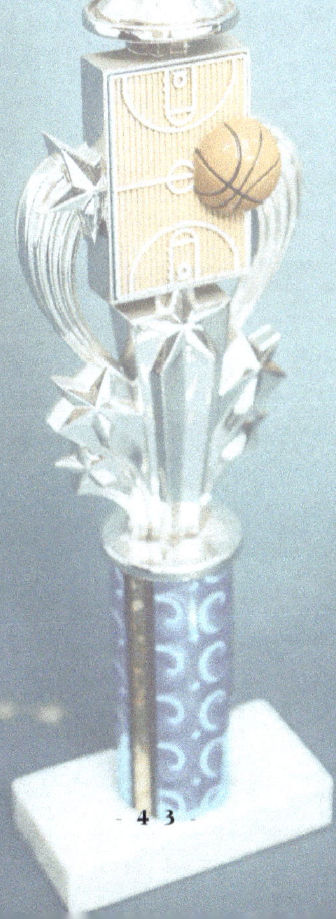

RUHESTAND / RETIREMENT, DIE ZWEITE

1999-2001

Angesichts des auslaufenden Vertrags von Phil Jackson, den bevorstehenden Abgängen von Scottie Pippen und Dennis Rodman sowie der Tatsache, dass sich die NBA in der Endphase eines von den Franchise-Besitzern verursachten Spielerstreiks befand, trat Jordan am 13. Januar 1999 zum zweiten Mal zurück. Obwohl er angekündigt hatte, dass er, sollte Jackson nicht als Cheftrainer zurückkehren, seine Karriere beenden würde, war der erneute Rücktritt dennoch eine große Überraschung für alle Fans. Schließlich war MJ nach wie vor der mit Abstand beste Spieler der NBA, noch immer in seiner "Prime" und kam frisch von seinem zweiten "Three-Peat" und einem weiteren Finals-MVP Award.

Nur ein Jahr später, am 19. Januar 2000, kehrte Jordan mit einer neuen Rolle in die NBA zurück. Diesmal war er nicht mehr als Spieler aktiv, sondern als Teilhaber und Präsident der Basketballabteilung der Washington Wizards. Das bedeutete, dass er jetzt die Geschicke des Teams maßgeblich beeinflussen konnte, von Spielertransfers bis hin zur Strategie auf dem Spielfeld. Einige waren skeptisch, wie er sich in dieser neuen Rolle schlagen würde. Aber Jordan bewies sich einmal mehr als echter Champion. Er nahm die Herausforderung an und arbeitete hart daran, die Wizards wieder in die Erfolgsspur zu bringen. Er setzte unpopuläre Spieler frei und holte frische Talente ins Team. Ein echter Macher, dessen Intensität und Wettbewerbsfähigkeit (competitivness) auf dem Spielfeld auch auf andere Arbeitsbereiche übertragbar war.

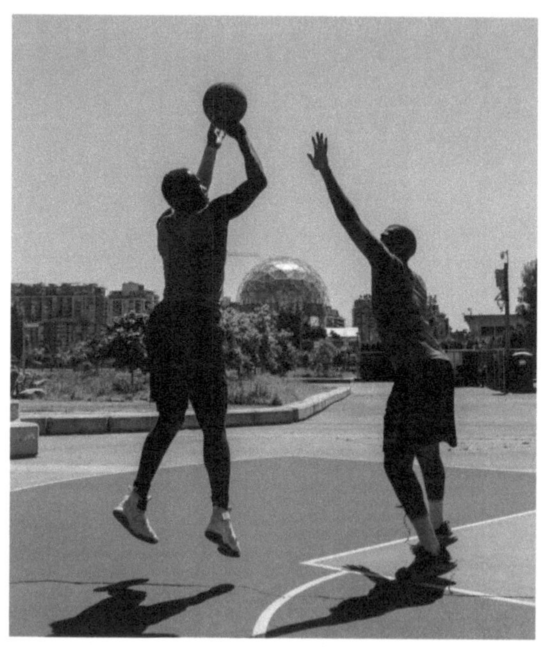

Trotz seiner vorherigen Aussagen, dass er nie wieder in einem NBA-Spiel auftreten würde, spürte Jordan aber noch immer das Feuer in sich brennen. Im Sommer 2001 ließ er seine Fans aufhorchen, als er über ein mögliches Comeback nachdachte. Er fühlte sich inspiriert durch die Rückkehr seines Freundes Mario Lemieux im Eishockey und wollte beweisen, dass er es immer noch drauf hatte. Jordan begann ein intensives Training und organisierte sogar spezielle NBA-Camps in Chicago, zu denen nur die besten Spieler eingeladen wurden. Er wollte zeigen, dass er immer noch einer der Besten war und bereit für eine neue Herausforderung.

Jordan war ein echter Sportsmann und ließ nichts unversucht, um wieder an die Spitze zu gelangen. Er stellte sogar seinen ehemaligen Trainer der Chicago Bulls, Doug Collins, als Coach für die Wizards ein, was als Zeichen für ein mögliches Comeback gesehen wurde. Die Basketballwelt konnte es kaum erwarten zu sehen, ob Jordan tatsächlich sein Comeback feiern würde. Für viele junge Basketball-Fans war es ein aufregender Moment, ihren Helden möglicherweise wieder auf dem Spielfeld zu sehen. Die Legende lebte weiter und die Spannung war förmlich greifbar. Es blieb abzuwarten, was die Zukunft für Michael Jordan und die NBA bereithielt.

JORDANS JAHRE BEI DEN WIZARDS

2001-2003

"Ich kehre als Spieler zum Spiel zurück, das ich liebe, weil ich im letzten Jahr und anderthalb Jahren als Mitglied des Managements der Washington Wizards Spaß daran hatte, mit unseren Spielern zu arbeiten und meine eigenen Erfahrungen als Spieler zu teilen", sagte Jordan. "Ich denke, es gibt keinen besseren Weg, jungen Spielern beizubringen, als auf dem Spielfeld mit ihnen als Mitspieler zu stehen, nicht nur im Training, sondern auch in tatsächlichen NBA-Spielen. Obwohl die Vergangenheit nicht ungeschehen gemacht werden kann, konzentriere ich mich fest auf die Zukunft und die Wettbewerbs-Herausforderung, die vor mir liegt. Ich freue mich besonders auf die Washington Wizards und bin überzeugt, dass wir das Fundament haben, auf dem wir ein Team aufbauen können, das um die Playoffs mitspielt. Die Gelegenheit, unsere jungen Spieler zu unterrichten und ihnen zu helfen, ihr Spiel auf ein höheres Niveau zu heben, und die Fans in Washington für ihre Loyalität und Unterstützung zu danken, haben meine Entscheidung maßgeblich beeinflusst."

Leider verlief Jordans zweites Comeback nicht annähernd so erfolgreich wie das erste, das einen "3-Peat" mit den Bulls als Konsequenz hatte. Die Wizards gewannen in den Saisons 2001-02 und 2002-03 insgesamt 37 Spiele und verpassten in beiden Saisons die Playoffs. "Air Jordan" konnte nach einer dreijährigen Pause nicht mehr ganz so hoch fliegen, sein Alter und Verletzungsprobleme beeinträchtigten seine Effektivität. Heute werden die beiden Saisons häufig nicht einmal als Teil von Jordans Werdegangs betrachtet. Es ist fast so, als ob sie nie passiert wären.

ABER Jordan spielte wirklich für die Wizards - im Ernst, es gibt sogar Filmmaterial - und er trat auch auf einem ziemlich hohen Niveau auf, wenn man den Kontext seiner Situation und das Stadium seiner Karriere berücksichtigt.

In seiner ersten Saison bei den Wizards erzielte Jordan durchschnittlich 22,9 Punkte pro Spiel, den zehnthöchsten Wert in der NBA, sowie 5,7 Rebounds, 5,2 Assists und 1,4 Steals pro Spiel. Seine Effizienz war im Vergleich zu seinen Prime-Jahren geringer (41,6 Prozent Wurfquote), aber er war der führende Scorer in einem Team, das außer einem jungen Richard Hamilton keine nennenswerte offensive Firepower hatte. Obwohl er auf Unterstützung angewiesen war und in dieser Saison mehrmals seine Knie richten lassen musste, gelang es Jordan dennoch, den Antrieb und die Fähigkeiten zu zeigen, die ihn zu einem der faszinierendsten Athleten in der Geschichte des Sports gemacht hatten. Am 29. Dezember 2001 erzielte er unglaubliche 51 Punkte gegen die Hornets und wurde der älteste Spieler, der in einem NBA-Spiel 50 Punkte oder mehr erzielte (Jamal Crawford übertraf Jordans Leistung später im Jahr 2019).

Jordan bestritt in der Saison 2002-03, seiner letzten NBA-Saison, alle 82 Spiele und erzielte im Durchschnitt 20,0 Punkte, 6,1 Rebounds, 3,8 Assists und 1,5 Steals. Er nahm weniger Würfe als in der vorherigen Saison, traf sie jedoch mit einer viel besseren Quote (44,5 Prozent aus dem Feld). Nur Jerry Stackhouse (21,5 Punkte pro Spiel) erzielte mehr Punkte und spielte mehr Minuten als Jordan. Stackhouse befand sich in seiner Blütezeit als 28-Jähriger und hatte gerade zwei aufeinanderfolgende All-Star-Teilnahmen mit den Pistons, bevor er zu den Wizards getradet wurde. Jordan war dagegen 40 Jahre alt und sein Körper ließ allmählich nach.
Als Mitglied der Wizards erzielte Jordan in acht Spielen 40 oder mehr Punkte und traf dabei mindestens 50 Prozent seiner Würfe. Zum Vergleich: Kawhi Leonard hat in seiner Karriere fünf Spiele mit 40 oder mehr Punkten.

Was die Bilanz der Wizards angeht: Die 37-Siege-Saisons sehen viel besser aus, wenn man bedenkt, dass die Wizards vor Jordans Einsatz 19-63 und nach seinem endgültigen Rücktritt 25-57 waren. Diese Mannschaften waren zwar nicht dazu bestimmt, Meisterschaften zu gewinnen, aber sie waren auch keine Kellerbewohner. Es ist verrückt zu denken, dass das Team von 2001-02 sogar knapp an den Playoffs vorbeigeschrammt ist. Das soll nicht heißen, dass die Jordan-Ära perfekt war. Für Kwame Brown war es zum Beispiel keine angenehme Zeit als Jordans Teamkollege - und das ist noch milde ausgedrückt.

In meinen Augen ist es falsch, Jordans kurze Zeit bei den Wizards als eine Art peinlichen Makel in seiner Karriere darzustellen. Wenn überhaupt, sollte der letzte Abschnitt seiner Karriere noch einmal daran erinnern, wie großartig er wirklich war.

4 „Air Jordan“ hebt ab – der legendäre Schuh

"Some people want it to happen, some wish it would happen, others make it happen."

In den Annalen der Sportgeschichte gibt es nur wenige Figuren, die so ikonisch sind wie Michael Jordan. Sein Name ist ein Synonym für Großartigkeit, sein Vermächtnis ist in die Geschichte des Basketballsports eingewoben. Doch abgesehen von seinen atemberaubenden Dunks und entscheidenden Würfen gibt es noch ein weiteres Element seines Vermächtnisses, das sowohl den Sport als auch die Popkultur unauslöschlich geprägt hat: die Air Jordan-Schuhe.

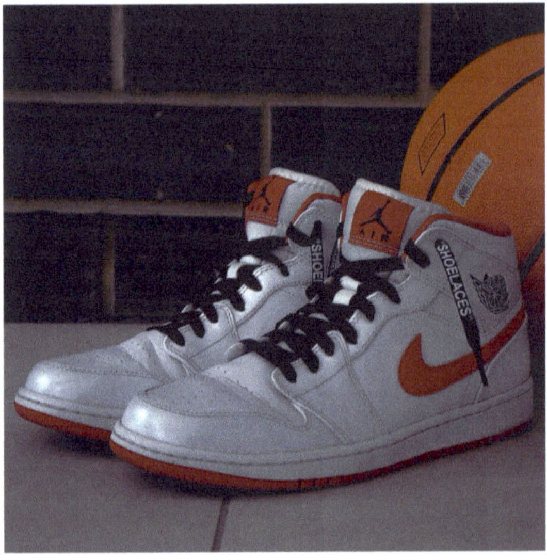

Die Entstehungsgeschichte einer Ikone

Die Geschichte der Air Jordans beginnt nicht auf dem Spielfeld, sondern in der Vorstandsetage. In den frühen 1980er Jahren war Nike ein aufstrebendes Sportschuhunternehmen, das sich auf dem Basketballmarkt einen Namen machen wollte. Da kam Peter Moore ins Spiel, ein kreativer Visionär, der mit der Aufgabe betraut wurde, einen Schuh zu entwerfen, der für ein junges, herausragendes Talent namens Michael Jordan charakteristisch war.

Moores Designphilosophie bestand darin, einen Schuh zu entwerfen, der nicht nur Jordans dynamischen Spielstil widerspiegelt, sondern auch die Grenzen der Innovation überschreitet. Das Ergebnis war der Air Jordan 1, ein High-Top-Sneaker, der es wagte, anders zu sein. Mit seiner kühnen rot-schwarzen Farbgebung, die einen direkten Verstoß gegen die strengen Uniformvorschriften der NBA darstellte, sorgte der Air Jordan 1 für Kontroversen, noch bevor er in den Handel kam.

Der Konvention zum Trotz

Das Verbot des Air Jordan 1 durch die NBA trug nur dazu bei, seine Mystik zu verstärken. Jedes Mal, wenn Jordan in diesen verbotenen Schuhen auf den Platz trat, war das ein Akt der Rebellion, ein Statement, das über das Spiel selbst hinausging. In gewisser Weise wurde das Verbot ungewollt zur besten Marketingkampagne, die Nike sich hätte wünschen können. Die Menschen wollten so sein wie Mike und dazu gehörte auch, die Schuhe zu tragen, die er zu tragen wagte.

Mit dem Aufstieg von Jordans Star wuchs auch die Popularität der Air Jordan-Linie. Mit jeder weiteren Veröffentlichung wurden die Schuhe zu mehr als nur Schuhwerk, sie wurden zu einem kulturellen Phänomen. Mit dem Air Jordan 3, der von dem legendären Tinker Hatfield entworfen wurde, lernte die Welt das ikonische Jumpman-Logo und die sichtbare Air-Dämpfung kennen, die zu einem Markenzeichen der Linie werden sollte. Mit dem Air Jordan 4 und seinem innovativen "Flight"-Logo erreichten die Schuhe noch größere Höhen.

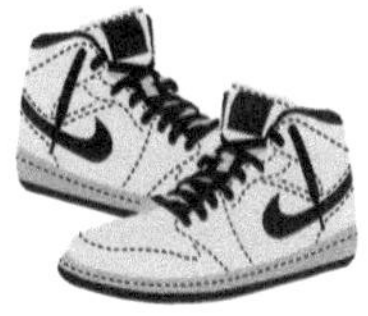

Ein Vermächtnis des Erfolgs

Der Erfolg der Air Jordan-Linie ist schlichtweg außergewöhnlich. Was als riskantes Unterfangen für Nike begann, entwickelte sich zu einem Milliarden-Dollar-Imperium. Fans und Sneakerfans warteten sehnsüchtig auf jede Neuerscheinung und kampierten oft tagelang vor den Geschäften, um ein Paar zu ergattern. Limitierte Auflagen und Kooperationen mit renommierten Designern heizten die Begeisterung weiter an und machten die Air Jordans nicht nur zu einem Basketballschuh, sondern zu einem Statussymbol.

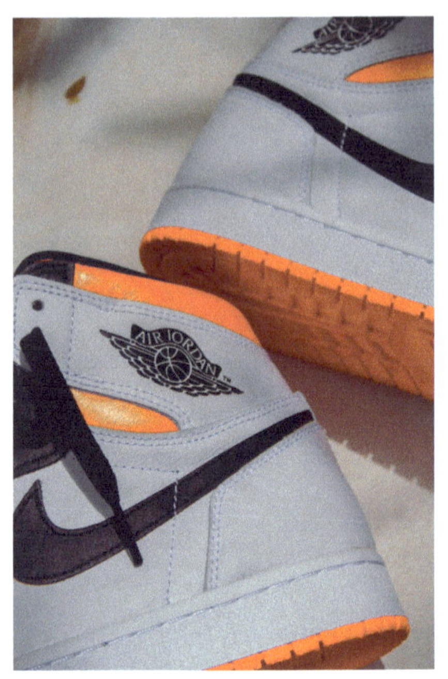

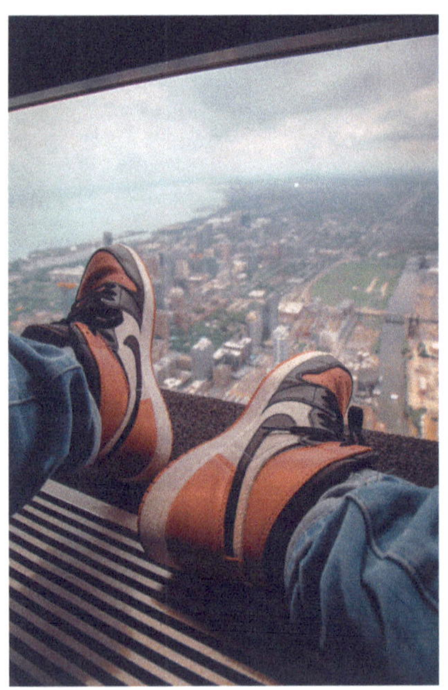

Ein Teil der anhaltenden Anziehungskraft der Air Jordans liegt in ihrer Fähigkeit, die Kluft zwischen Sport und Mode zu überbrücken. Jordan selbst war eine transzendente Figur, die die Fantasie der Menschen weit über den Basketballplatz hinaus anregte. Seine Schuhe spiegeln diese duale Natur wider - leistungsorientierte Technologie trifft auf topaktuellen Stil. Egal, ob Sie ein Basketballspieler waren, der "wie Mike" sein wollte, oder ein modebewusster Mensch, der ein Statement abgeben wollte - der Air Jordan hatte etwas zu bieten.

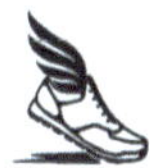

Die Essenz des Fliegens

Was den Air Jordan wirklich auszeichnet, ist seine nicht greifbare Qualität - das Gefühl des "Fluges". Der Air Jordan verkörpert nicht nur den physischen Akt, durch die Luft zu schweben und einen Dunk zu machen, sondern auch den Geist, Grenzen zu überschreiten, Erwartungen zu enttäuschen und nach Großem zu streben. Er verkörpert die Idee, dass sich jeder über seine Umstände erheben und Außergewöhnliches erreichen kann.

Michael Jordan sagte einmal: *"Ich kann ein Scheitern akzeptieren, jeder scheitert bei irgendetwas. Aber ich kann nicht akzeptieren, dass ich es nicht versuche"*. Dieses Mantra, dieses unerbittliche Streben nach Spitzenleistungen, ist in jedem Paar Air Jordans verkörpert. Sie erinnern daran, dass man Erfolg nicht geschenkt bekommt, sondern ihn sich durch Hingabe, harte Arbeit und die Kühnheit, große Träume zu haben, verdient.

Die Air Jordan-Schuhe sind also mehr als nur Schuhwerk. Sie sind ein Zeugnis für die Kraft der Entschlossenheit, der Innovation und des Selbstbewusstseins. Bis heute ist der „Air Jordan" unter allen Signature-Basketball-Schuhen der nach wie vor mit Abstand meistverkaufte Schuh aller Zeiten. Kein Schuh verkauft sich immer noch, Jahr für Jahr, erfolgreicher! Entstanden aus der Zusammenarbeit zwischen einem visionären Designer und einem überragenden Athleten, hat sich die Air Jordan-Linie über Konventionen hinweggesetzt, Kontroversen ausgelöst und die Herzen und Köpfe von Millionen Menschen erobert.

Von der Kühnheit des Air Jordan 1 bis zur Innovation des Air Jordan 11 erzählt jede Iteration eine Geschichte der Entwicklung und des Strebens. Stand 2023 sind wir bei Auflage #38! Das Vermächtnis der Air Jordans ist ein Zeugnis für den bleibenden Einfluss von Michael Jordan auf Sport, Mode und Kultur. Es ist ein Vermächtnis, das uns weiterhin inspiriert, erhebt und uns alle daran erinnert, dass auch wir mit der richtigen Einstellung nach den Sternen greifen können, so wie Michael Jordan es jedes Mal tat, wenn er seine kultigen Sneaker schnürte.

5 DER MINDSET VON MICHAEL JORDAN

"Talent gewinnt Spiele, aber Teamwork und Intelligenz gewinnt Meisterschaften."

In den Annalen der Sportgeschichte tauchen bestimmte Namen als Champions auf, die der Zeit trotzen und sich im kollektiven Gedächtnis verankern. Unter diesen Koryphäen leuchtet ein Name am hellsten - Michael Jordan. Michael Jordan ist nicht nur der beste Basketballes aller Zeiten, sondern auch einer der besten Sportler, die die Welt jemals gesehen hat. Seine Herrschaft auf dem Basketballplatz bestand jedoch nicht nur aus körperlichen Leistungen, sondern war auch eine Meisterklasse in mentaler Stärke und eines unvergleichlichen Mindset, die ihn zum unbestrittenen "Greatest of All Time" (GOAT) machte.

Die Genese seiner Brillanz

Die Saat für Jordans unvergleichlichen Mindset wurde schon früh in seinem Leben gesät. Als er am 17. Februar 1963 in Wilmington, North Carolina, geboren wurde, lernte er von seinen Eltern den Wert von harter Arbeit und Hingabe. Sein Vater, James Jordan Sr., vermittelte ihm eine unerschütterliche Arbeitsmoral und betonte, wie wichtig es ist, sich anzustrengen, um Spitzenleistungen zu erzielen. Dieses Fundament der Entschlossenheit legte den Grundstein für die unerbittliche Einstellung, die seine Basketballkarriere bestimmen sollte.

Ein unvergleichlicher Antrieb und die Kunst der mentalen Widerstandsfähigkeit

Von Anfang an zeichnete sich Michael Jordan durch seinen Kampfgeist aus. Mit seinen 1,98 m (6 foot 6 inches) war er nicht der größte Spieler auf dem Platz und auch nicht der körperlich imposanteste. Doch sein Drang, der Beste zu sein, schürte einen unstillbaren Hunger nach Verbesserung. Dieser Wunsch, seine Gegner zu übertreffen und in den Schatten zu stellen, wurde zum Eckpfeiler seiner Denkweise. Er bemerkte einmal: "Ich habe in meiner Karriere mehr als 9000 Würfe verfehlt. Ich habe beinahe 300 Spiele verloren. 26 mal wurde mir der Buzzerbeater anvertraut und ich habe nicht getroffen. Ich bin immer und immer wieder in meinem Leben gescheitert. Und das ist der Grund, warum ich gewinne."

Diese Denkweise illustriert sehr anschaulich, wie wichtig es ist, Niederlagen nicht als trauriges Ende, sondern vielmehr als hilfreichen Neuanfang zu sehen. Niemand ist als Gewinner geboren. Es sind harte unermüdliche Arbeit und unzählige Niederlagen, die Gewinner dazu motivieren, besser zu werden und Verlierer dazu, aufzugeben.

Die privaten Kämpfe, die sich im Kopf eines Sportlers abspielen, werden vom Rampenlicht oft nicht erfasst. Michael Jordans Fähigkeit, Rückschläge zu überwinden und Widrigkeiten in Erfolg umzuwandeln, war schlichtweg außergewöhnlich. Er kannte sich mit Misserfolgen aus - die Art, die viele abgeschreckt hätte. Doch seine Einstellung brachte ihn dazu, Misserfolge als Sprungbrett und nicht als Hindernis zu betrachten. Seine Widerstandsfähigkeit ermöglichte es ihm, sich nach jedem Sturz wieder aufzurichten und Rückschläge als Motivation zu nutzen, um noch höher zu klettern.

Den Sieg visualisieren

Eine der faszinierendsten Facetten von Jordans Denkweise war seine Geschicklichkeit bei der Visualisierung. Er besaß die einzigartige Fähigkeit, jeden Spielzug, jeden Schuss und jeden Sieg mental zu simulieren, bevor er sich auf dem Spielfeld materialisierte. Diese Technik der Vorabvisualisierung war nicht nur eine Marotte, sondern ein strategischer Vorteil. Indem er sich den Erfolg bis ins kleinste Detail vorstellte, entwickelte er ein unerschütterliches Selbstvertrauen, das sich in unerschütterlichem Selbstbewusstsein während der Spiele niederschlug. Jordan sagte einmal: "Man muss Dinge von sich selbst erwarten, bevor man sie tun kann". Einen erheblichen Einfluss darauf hatten auch die in den 90er Jahren höchst ungewöhnlichen Trainingsmethoden von Phil Jackson, der schon damals das Team gemeinsam meditieren ließ.

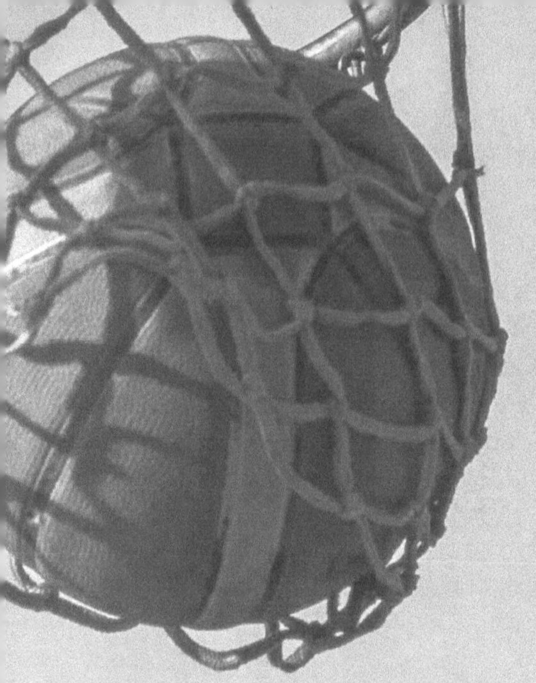

Den Schmelztiegel des Drucks bezwingen

Die Fähigkeit, unter Druck zu gedeihen, ist das Markenzeichen eines wahren Champions. Michael Jordans Mindset ermöglichte es ihm, Druck nicht nur zu ertragen, sondern in seinem Schmelztiegel zu gedeihen. Je größer die Bühne, desto heller leuchtete er. Seine unvergleichliche Arbeitsmoral und Vorbereitung ermöglichten es ihm, in kritischen Momenten ruhig und konzentriert zu bleiben. Die spielentscheidenden Schüsse, die entscheidenden Steals und die überragenden Leistungen waren keine Glücksfälle, sondern das Ergebnis einer Einstellung, mit der er sich in Situationen mit hohem Druck wohl fühlte und über sich hinauswuchs.

Vermächtnis über das Spielfeld hinaus

Auch über den Sport hinaus hat Michael Jordans Denkweise einen unauslöschlichen Eindruck in der Welt hinterlassen. Sein Streben nach Spitzenleistungen, seine unerbittliche Arbeitsmoral und sein unerschütterlicher Glaube an sich selbst inspirieren nach wie vor unzählige Menschen in den verschiedensten Bereichen. Sein Vermächtnis beschränkt sich nicht nur auf den Basketballplatz, sondern hallt in Vorstandsetagen, Klassenzimmern und Wohnzimmern nach. Ein Beweis für seinen anhaltenden Einfluss ist, dass Jordans Marke zum Synonym für Größe geworden ist und Generationen und Kulturen überdauert.

Zusammenfassend lässt sich sagen, dass Michael Jordans Aufstieg zum Größten aller Zeiten kein Zufall war, sondern das Ergebnis einer außergewöhnlichen Denkweise, die Entschlossenheit, Belastbarkeit, Visualisierung und ein tiefes Verständnis von Druck miteinander verband. Sein Weg von einem entschlossenen kleinen Jungen in North Carolina zu einer weltweiten Basketball-Ikone ist ein Beispiel für die unglaubliche Kraft des menschlichen Geistes. Die Denkweise, die ihn zu beispiellosem Erfolg geführt hat, erhellt auch weiterhin die Wege der Leistung und fordert uns alle auf, nach Großem zu streben, Grenzen zu überwinden und unermüdlich nach Spitzenleistungen zu streben - genau wie der GOAT selbst.

6 MICHAEL JORDAN: STATISTIKEN, PERSÖNLICHE AUSZEICHNUNGEN UND BESONDERE ERFOLGE

"Wenn du versuchst etwas zu erreichen, werden auf dem Weg Hindernisse sein. Ich hatte sie; Jeder hatte sie. Aber Hindernisse müssen dich nicht aufhalten. Wenn du gegen eine Wand rennst, dreh dich nicht um und renne weg. Überlege dir einen Weg wie du darüber klettern, hindurchgehen oder um sieh herum gehen kannst."

Michael Jordans Präsenz auf dem Basketballplatz war nicht nur geprägt von physischer Brillanz, sondern auch von einem bemerkenswerten Ehrgeiz und außergewöhnlichem Erfolg. Dieses Kapitel widmet sich den Triumphen, Errungenschaften und besonderen Momenten, die Michael Jordan zu einer Ikone gemacht haben und seine einzigartige Stellung im Sport und darüber hinaus unterstreichen.

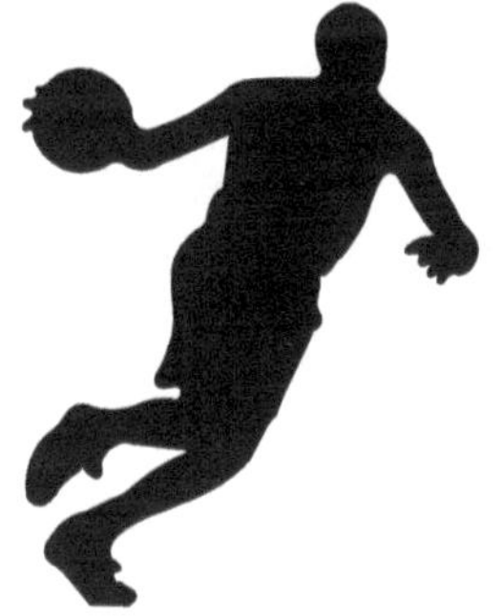

Der Wächter des Rings: Defensive Player of the Year Awards

Während Michael Jordan oft für seine atemberaubende Offensivleistung bewundert wird, werden seine herausragenden Defensivfähigkeiten häufig übersehen. Ein fundamentaler Fehler in der Analyse dieses Superstars, war er doch über viele Jahre hinweg nicht nur der beste Scorer, sondern zugleich auch der beste Verteidiger der Liga. Im Jahr 1988 (Saison 1987-1988) wurde Jordan mit dem begehrten Defensive Player of the Year Award (DPOY) ausgezeichnet – eine Ehre, die seinen Einsatz und sein Engagement für alle Aspekte des Spiels hervorhob. Seine Fähigkeit, nicht nur Körbe zu erzielen, sondern auch gegnerische Spieler zu neutralisieren, machte ihn zu einem wahren Meister auf beiden Seiten des Spielfelds. Diese Auszeichnungen untermauerten seine vielseitigen Fähigkeiten auf dem Basketball-Court. Jordan ist zugleich nur einer von 3 Spielern, die den DPOY und MVP-Award in demselben Jahr gewinnen konnten (Hakeem Olajuwon, Giannis Antetokounmpo).

Die MVP-Krone: Mehrfache Auszeichnung als Most Valuable Player

Die Auszeichnung des Most Valuable Player (MVP) ist die höchste individuelle Ehrung im Basketball und spiegelt die bedeutsame Rolle eines Spielers für sein Team wider. Michael Jordan wurde in seiner außergewöhnlichen Karriere insgesamt fünfmal mit dieser begehrten Auszeichnung geehrt (1988, 1991, 1992, 1996, 1998). Diese MVP-Awards waren nicht nur Anerkennungen für seine unglaublichen Statistiken, sondern auch für seine Fähigkeit, Spiele zu dominieren und sein Team zum Sieg zu führen.

Der König des Punkteerwerbs: Scoring Champion Awards

Michael Jordans unvergleichliche Fähigkeit, den Ball im Korb unterzubringen, spiegelt sich in seinen insgesamt zehn Scoring Champion Awards wider. Diese Auszeichnungen, die er in den Jahren 1987 bis 1993 und 1996 bis 1998 erhielt, unterstrichen seine bemerkenswerte Fähigkeit, Punkte zu erzielen und sein Team anzuführen. Seine Konstanz, Jahr für Jahr, der dominanteste Offensivspieler zu bleiben und auch auf ständig wechselnde Verteidigungsstrategien stets eine Antwort zu behalten, zeigt, warum Jordans Scoring-Rekorde bis heute ungebrochen sind. Michael Jordan war nicht nur ein Spieler, der Körbe erzielte, sondern ein wahrer Meister der Punkteproduktion, der das Spiel global machte und auf ein bis dato nicht gekanntes Niveau hob.

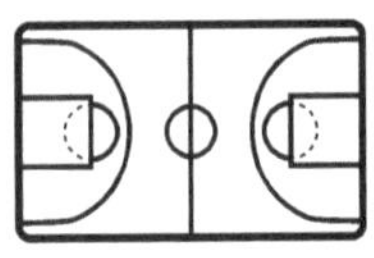

Ein Platz in der Ruhmeshalle: Die Aufnahme in die Hall of Fame

Michael Jordans erstaunliche Karriere wurde im Jahr 2009 mit einer weiteren prestigeträchtigen Ehrung gekrönt, als er in die Naismith Memorial Basketball Hall of Fame aufgenommen wurde. Diese Auszeichnung würdigt nicht nur seine außergewöhnlichen sportlichen Leistungen, sondern auch seinen bleibenden Einfluss auf den Basketball und seine Rolle als Inspirationsquelle für zukünftige Generationen von Spielern. Sein Vermächtnis wurde damit für immer in der Geschichte des Sports verankert und sein Name wird in Gesellschaft von anderen Legenden genannt. In seiner Hall of Fame Ansprache zeigt sich einmal mehr der unvergleichliche Wettbewerbsgeist von MJ und kann auf YouTube angesehen werden.

Das Dream Team 1992: Ein Meilenstein der Basketballgeschichte

Der Höhepunkt von Michael Jordans Einfluss auf den Basketball erstreckte sich über nationale Grenzen hinweg. Seine Teilnahme am legendären "Dream Team" bei den Olympischen Spielen 1992 in Barcelona ist ein strahlendes Beispiel für seine weltweite Bedeutung. Das Dream Team, bestehend aus den besten Spielern der NBA, darunter Michael Jordan, präsentierte nicht nur erstklassigen Basketball, sondern löste auch eine weltweite Begeisterung für den Sport aus. Schließlich zerstörten die USA ihre Gegner auf dem Weg zur olympischen Goldmedaille mit durchschnittlich mehr als 40 Punkten pro Spiel. Kein Team - ungeachtet des Sports - war weder davor noch danach auch nur annähernd so dominant wie das olympische Basketballteam von 1992. Jordans Rolle auf diesem historischen Team trug dazu bei, die Popularität des Basketballs global zu verankern und seine einzigartige Fähigkeit, Menschen weltweit zu inspirieren, zu verdeutlichen. Das von Basketball-Legenden gespickte Lineup liest sich wie folgt:

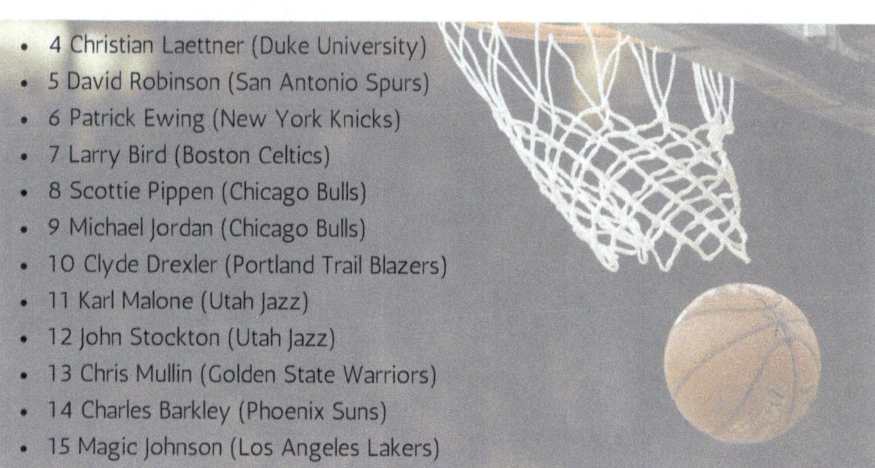

- 4 Christian Laettner (Duke University)
- 5 David Robinson (San Antonio Spurs)
- 6 Patrick Ewing (New York Knicks)
- 7 Larry Bird (Boston Celtics)
- 8 Scottie Pippen (Chicago Bulls)
- 9 Michael Jordan (Chicago Bulls)
- 10 Clyde Drexler (Portland Trail Blazers)
- 11 Karl Malone (Utah Jazz)
- 12 John Stockton (Utah Jazz)
- 13 Chris Mullin (Golden State Warriors)
- 14 Charles Barkley (Phoenix Suns)
- 15 Magic Johnson (Los Angeles Lakers)

Sportler des Jahrhunderts 1999: Eine unbestreitbare Ehre

Im Jahr 1999 wurde Michael Jordan von ESPN zum Sportler des Jahrhunderts gewählt – eine Ehre, die seinen enormen Einfluss auf den Sport und seine kulturelle Bedeutung widerspiegelte. Er stach dabei Sportlegenden wie Muhammad Ali und Babe Ruth aus. Michael Jordan war nicht nur ein Spieler, sondern eine weltweite Ikone, die die Grenzen des Sports sprengte und dessen Vermächtnis weit über den Basketball hinausreichte und Millionen Menschen weltweit inspirierte. So sagte Larry Bird nach Jordans bis heute ungebrochenen NBA Playoff Punkterekord (135:131 in einer Niederlage gegen die Celtics): *"That was God disguised as Michael Jordan."*

Die Top 50:

1. Michael Jordan
2. Babe Ruth
3. Muhammad Ali
4. Jim Brown
5. Wayne Gretzky
6. Jesse Owens
7. Jim Thorpe
8. Willie Mays
9. Jack Nicklaus
10. Babe Didrikson
11. Joe Louis
12. Carl Lewis
13. Wilt Chamberlain
14. Hank Aaron
15. Jackie Robinson
16. Ted Williams
17. Magic Johnson
18. Bill Russell
19. Martina Navratilova
20. Ty Cobb
21. Gordie Howe
22. Joe DiMaggio
23. Jackie Joyner-Kersee
24. Sugar Ray Robinson
25. Joe Montana
26. Kareem Abdul-Jabbar
27. Jerry Rice
28. Red Grange
29. Arnold Palmer
30. Larry Bird
31. Bobby Orr
32. Johnny Unitas
33. Mark Spitz
34. Lou Gehrig
35. Secretariat
36. Oscar Robertson
37. Mickey Mantle
38. Ben Hogan
39. Walter Payton
40. Lawrence Taylor
41. Wilma Rudolph
42. Sandy Koufax
43. Julius Erving
44. Bobby Jones
45. Bill Tilden
46. Eric Heiden
47. Edwin Moses
48. Pete Sampras
49. O.J. Simpson
50. Chris Evert

Von der Leinwand zum Korb: Michael Jordan als Schauspieler

Michael Jordans Einfluss reichte weit über den Basketball hinaus bis in die Welt des Films. Seine unvergessliche Rolle in dem Kultfilm "Space Jam" von 1996, in dem er sich selbst spielte, brachte nicht nur eine einzigartige Verbindung zwischen Kino und Sport, sondern zeigte auch Jordans Vielseitigkeit und sein Charisma auf und neben dem Spielfeld. Seine Fähigkeit, sowohl auf dem Basketballplatz als auch auf der Leinwand zu brillieren, festigte seinen Platz als eine der herausragendsten Persönlichkeiten des modernen Zeitalters. Der über 2 Jahrzehnte später aufgelegte zweite Teil mit LeBron James kommt weder schauspielerisch noch vom Storytelling auch nur ansatzweise an das Original heran und wirkt wie eine billige und schlechte Kopie von Teil 1. James wurde 2022 mit dem "Razzie-Award" für die schlechteste schauspielerische Leistung ausgezeichnet - und das, obwohl er sich selbst spielt.

Ein Wegbereiter: Michael Jordan als erster schwarzer NBA-Teambesitzer

Michael Jordan hat nicht nur auf dem Spielfeld Barrieren durchbrochen, sondern auch als Geschäftsmann und Teambesitzer. Im Jahr 2006 erwarb er einen bedeutenden Anteil an den Charlotte Bobcats, die später zu den Charlotte Hornets wurden und wurde damit der erste schwarze Teambesitzer in der Geschichte der NBA. Das war er übrigens bis ins Jahr 2023, als er seine Mehrheit an den Hornets abgegeben hat. Diese historische Leistung unterstreicht Jordans Fähigkeit, Hindernisse zu überwinden und gleichzeitig seine Verpflichtung, Chancen für zukünftige Generationen zu schaffen. Seine Beteiligung am Teambesitz ist ein Beweis für sein anhaltendes Engagement für den Sport und seine Rolle als Vorbild und Wegbereiter.

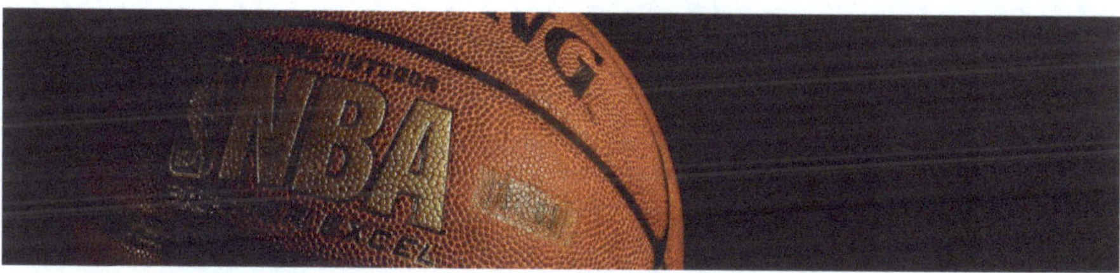

In der facettenreichen Karriere von Michael Jordan sind seine Triumphe und besonderen Erfolge genauso beeindruckend wie seine spektakulären Spiele auf dem Basketballplatz. Seine Defensive Player of the Year Awards, MVP Awards, Scoring Champion Awards, seine Aufnahme in die Hall of Fame, seine Beiträge zum Nationalteam und dem Dream Team 1992, seine Anerkennung als Sportler des Jahrhunderts 1999, seine Ausflüge in die Welt des Films und seine historische Rolle als erster schwarzer NBA-Teambesitzer zeugen von einem Leben und einer Karriere, die eine unvergessliche Spur im Sport und darüber hinaus hinterlassen haben

7 MICHAEL JORDAN – THE GOAT

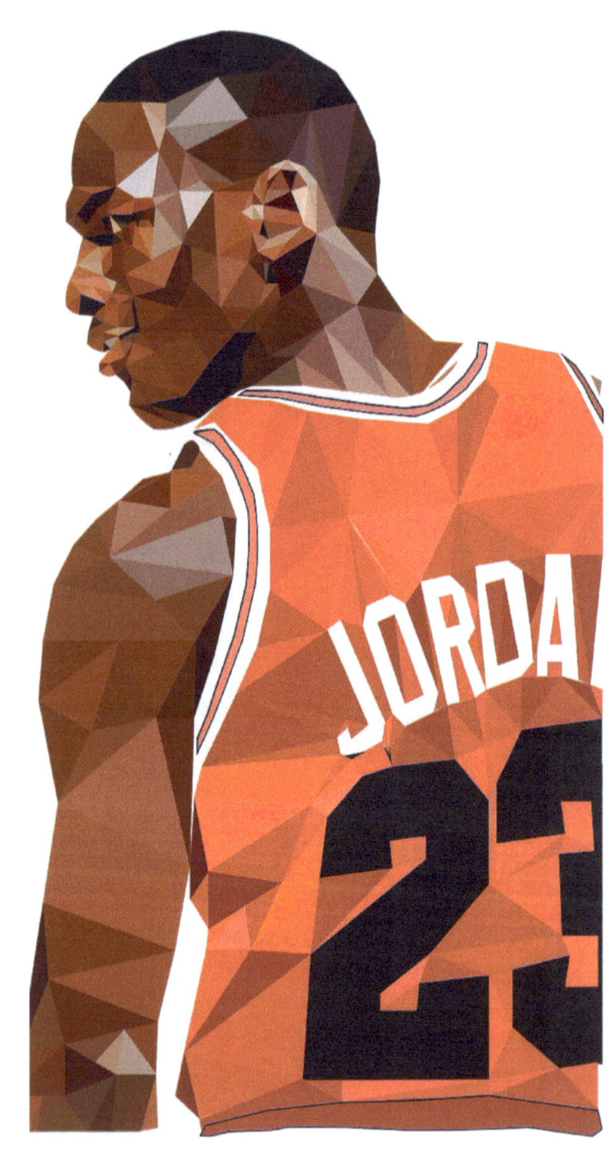

Nicht nur für mich, sondern für den Großteil der Spieler, Experten, Basketballfans und Medienschaffenden ist Michael Jordan der beste und größte Basketballspieler aller Zeiten (GOAT - greatest of all time). Das beweist nicht nur seine Dominanz während seiner aktiven Jahre, sondern auch die Statistiken. Bis heute ist das heute relativ hoch gehandelte Career-PER ("Player Efficiency Rating während der Karriere")sowie dessen durchschnittliche Punkte pro Spiel in den Playoffs (Career Playoff PPG) von Michael Jordan die höchsten aller Zeiten. Niemand vor ihm, ausgenommen Larry Bird und Magic Johnson mit ihrer legendären Rivalität in den 80ern und niemand nach ihm, ausgenommen Steph Curry und sein Einfluss auf die Spielweise (mehr 3er als je zuvor), hatte einen größeren Einfluss auf den Sport und hat diesen stärker geprägt und vor allen Dingen global gemacht.

Wenn wir den letzten Buzzer auf der fesselnden Reise durch das Leben und die Karriere von Michael Jordan betätigen, wird eine Wahrheit deutlich, die unanfechtbar ist, wie ein Denkmal der Exzellenz selbst. Mit jedem Dribbling, jedem Schuss und jedem Sieg hat Jordan seinen Namen in die Annalen der Basketballgeschichte als der größte Spieler aller Zeiten eingetragen. Das Echo seines Einflusses hallt durch die Zeit und hinterlässt eine unauslöschliche Spur im Sport, in der Kultur und in den Herzen unzähliger Fans auf der ganzen Welt.

Entscheidende Momente

Von Anbeginn seiner Karriere war Michael Jordans Können auf dem Basketballplatz mit nichts zu vergleichen, was die Welt je gesehen hatte. Sein unbestreitbares Talent wurde nur noch von seiner unerbittlichen Arbeitsmoral übertroffen - eine Kombination, die ihn zu einer Naturgewalt machte. Ob es nun sein ikonischer Slam Dunk von der Freiwurflinie war, der spielentscheidende Wurf gegen die Utah Jazz in den NBA-Finals 1998 oder seine unheimliche Fähigkeit, in entscheidenden Momenten die Situation zu meistern - Jordans Karriere war wie ein Wandteppich aus brillanten Fäden gewebt.

Doch Exzellenz lässt sich nicht nur an Höhepunkten messen; sie ist ein Mosaik aus Hingabe, Belastbarkeit und Führungsqualitäten. Jordans Fähigkeit, seine Mannschaftskameraden zu inspirieren und zu motivieren, ist ein Beweis für seinen Charakter. Er verlangte von sich selbst und seinen Mitspielern nichts Geringeres als Spitzenleistungen, trieb sie zu neuen Höchstleistungen an und förderte ein Umfeld, in dem man gewinnen kann. Sein Führungsstil, der oft als intensiv und fürsorglich beschrieben wird, festigte seinen Status als ein Spieler, der nicht nur auf dem Platz dominieren, sondern auch die Leistung des gesamten Teams steigern konnte. Sein Einfluss auf die Kultur der Chicago Franchise ist bis heute kaum vergleichbar.

Die Meisterschaften und die Ringe

Es ist unmöglich, über Michael Jordans Exzellenz zu sprechen, ohne seine sechs NBA-Meisterschaften zu erwähnen. Jeder Titel war ein Beweis für seinen unvergleichlichen Siegeswillen und seine Bereitschaft, alles zu tun, um den Sieg zu erringen. Jordans Fähigkeit, sich in entscheidenden Momenten der Situation zu stellen, war ein Markenzeichen seiner Karriere. Seine überragenden Leistungen in Kombination mit seiner Fähigkeit, sein Spiel zu verbessern, wenn es darauf ankam, unterschieden ihn von seinen Mitspielern.

Bei den Meisterschaften ging es nicht nur um die Ringe; sie waren der Höhepunkt jahrelanger Aufopferung, harter Arbeit und Hingabe. Jordans unstillbarer Siegeswille war eine treibende Kraft, die ihn dazu brachte, die Grenzen seines eigenen Potenzials zu überschreiten und die Teamkollegen und Fans gleichermaßen dazu inspirierte, daran zu glauben, dass mit der richtigen Einstellung und Anstrengung alles möglich ist.

Einfluss auf das globale Spiel

Michael Jordans Einfluss erstreckte sich jedoch weit über die Grenzen des Basketballs hinaus. Er wurde zu einer weltweiten Ikone, sein Name ist ein Synonym für Spitzenleistungen, Entschlossenheit und Erfolg. Sein Einfluss war nicht nur in den Vereinigten Staaten, sondern auf allen Kontinenten zu spüren, denn das Basketballfieber verbreitete sich wie ein Lauffeuer in Ländern, in denen der Sport zuvor ein Nischendasein geführt hatte.

Jordans Stil, seine Anmut und sein Kampfgeist fanden bei Menschen aus allen Gesellschaftsschichten Anklang. Er wurde zu einem kulturellen Phänomen, sein Bild zierte alles, von Turnschuhen bis hin zu Plakatwänden und sein Name wurde von aufstrebenden Sportlern in jedem Winkel der Welt bewundernd geflüstert. Durch sein unermüdliches Streben nach Größe zeigte Jordan die Kraft von Hingabe und Ausdauer und inspirierte Generationen dazu, große Träume zu verwirklichen und unermüdlich für ihre Ziele zu arbeiten.

Die Großartigkeit des Charakters

Während die Statistiken und Auszeichnungen Michael Jordans Anspruch auf den Titel des größten Basketballspielers aller Zeiten zweifelsohne untermauern, ist es sein Charakter, der sein Vermächtnis wahrhaftig zementiert. Hinter den Dunks und Game-Winnern zeigte Jordan ein unerschütterliches Engagement für Spitzenleistungen, einen unnachgiebigen Glauben an seine Fähigkeiten und einen unstillbaren Durst nach Erfolg.
Doch Jordans Einzigartigkeit reichte über das Spielfeld hinaus. Seine philanthropischen Bemühungen, seine Führungsrolle in der Wirtschaft und sein Engagement für einen positiven Einfluss auf die Gesellschaft zeugen von seinem Charakter. Er nutzte seine Plattform, um andere zu erheben, zu Veränderungen zu inspirieren und zur Verbesserung von Gemeinschaften auf der ganzen Welt beizutragen. In dieser Hinsicht wird seine Größe zu einem Leuchtfeuer der Hoffnung und der Möglichkeiten, zu einer Erinnerung daran, dass Erfolg nicht nur in erzielten Punkten oder gewonnenen Meisterschaften gemessen wird, sondern in der nachhaltigen Wirkung, die man in der Welt hinterlässt.

Das Ende einer Ära, der Beginn eines Vermächtnisses

Am Ende dieser Reise durch das Leben und die Karriere von Michael Jordan steht eine unbestreitbare Wahrheit: Er ist der beste Basketballspieler aller Zeiten. Seine Kombination aus Können, Entschlossenheit, Führungsqualitäten und Charakter macht ihn zu einer einzigartigen Figur in der Geschichte des Sports. Jordans Einfluss auf das Spiel, die Kultur und die Welt im Allgemeinen ist unermesslich und sein Vermächtnis wird auch in Zukunft Generationen inspirieren, motivieren und fesseln, denn wie weiß bereits jeder Grundschüler in den USA:

"I want to be like Mike!"

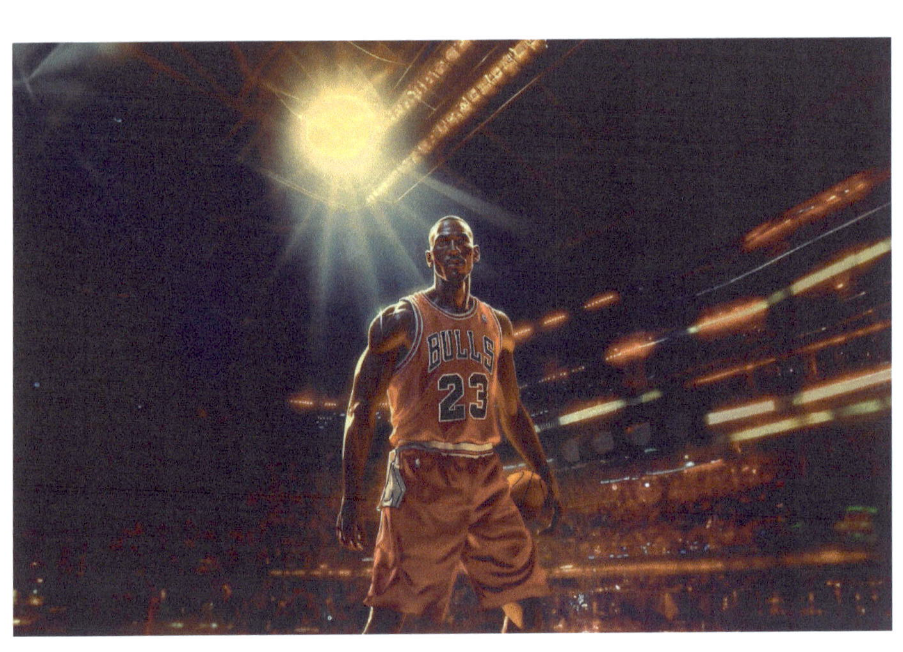
BULLS
23

Hat Dir das Buch gefallen? Dann bewerte bitte!
Wir, der Autor und seine fleißigen Mitstreiter:innen des KLHE-Verlags, die über viele Jahre an der Perfektionierung dieses Buches mitgewirkt haben, hoffen inständig, dass Du nicht nur unterhalten wurdest, sondern auch für Dich ganz persönlich hilfreiche Lektionen aus der Lektüre ziehen konntest. Schließlich ist MJ der wohl beste Lehrer hinsichtlich eines unerschütterlichen Zielstrebens und Mindsets.

Damit kommen wir zu dem Teil des Buches, in dem ich Dich um einen kleinen Gefallen bitte. Rezensionen sind ein extrem wichtiger Bestandteil von Produkten, auch bei Büchern. Kunden können sich besser entscheiden, ob sie ein Buch kaufen möchten oder nicht. Und Rezensionen helfen, Bücher innerhalb des vielfältigen Angebotes von Amazon sichtbarer zu machen.

Wenn Dir dieses Buch gefallen hat, würde ich mich wirklich sehr über eine Rezension freuen. Schreibe, wie Dir das Buch weiterhelfen konnte, was Dir gefallen hat, ob man es gut lesen konnte und natürlich auch, was Dir womöglich gefehlt oder nicht so gut gefallen hat.

Wir lesen jede Bewertung und jedes persönliche Feedback. Dein wertvolles Feedback hilft mir schließlich dabei, meine Bücher stetig zu verbessern. Der KLHE-Verlag und ich freuen sich auf Deine offene und ehrliche Bewertung und bedanken uns herzlich für Deine Unterstützung.

KLHE

Printed in Poland
by Amazon Fulfillment
Poland Sp. z o.o., Wrocław

46284011R10047